湖南省新型职业农民培训教材

农村金融服务指南

NONGCUN JINRONG FUWU ZHINAN

湖南省农业广播电视学校组编
主　编 / 黄　尧

湖南科学技术出版社

目录

CONTENTS

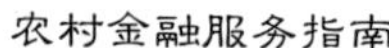

第一章 概述

第一节　农村金融的概念

1　我国农村金融的起源与发展

按照定义，农业是人类利用生物生活技能和自然环境条件，通过社会劳动，协调生物与环境之间的关系，强化或控制生物的生命活动过程，以获得符合社会需要的产品，并为人类创造良好环境的物质生产部门。按照费歇尔的三次产业分类法，农业是第一产业。农业是人类经济活动的最初级阶段，并长期处于产业统治地位。在英国工业革命爆发之前，农业是世界上最重要的产业。在机器大工业系统地展现其解放生产力的功能之前，所有的生产力、资源配置及生产关系变动都是围绕农业这一产业发生的。

金融的产生与初始概念的形成要远晚于农业，其基本概念就是对现有资源进行重新整合后，实现价值和利润的等效流通。以价值流通为本质的金融在资源配置、信息传递两个方面对于所有产业有着巨大的推动作用。金融对农业及农村的积极作用在很早就为人们所认识到，由此产生了最朴素的农村金融的形式。最早在周代，我国就已经出现了以农村借贷为代表的农村金融行为。此后，农村金融作为一种朴素的资源配置方式随着我国农业发展及农村社会进步一直延续至今。其具体形式随着生产力的进步及生产关系的变革也发生了不同的变化。

我国农村金融的表现形式从清朝中期开始出现了爆发式的增长，出现了票号、典当、私人高利贷等各种农村金融形式。其中许多一直沿袭保留至今。其具体原因可以归结为三点：第一，我国封建社会发展至清朝，生产力已得到了极大的发展。此时农业依然是我国最重要的物质生产部门，积累了巨大的物质、技术基础，农村金融作为农业重要的配套产业也随之得到了空前发展。第二，农业人口，即农村居民占据了我国大部分人口，农村社会关系的发展产生了巨大的金融需求，数量庞大的农村人口基数与因农村社会发展而蓬勃扩张的金融需求相叠加，催生了种类繁多的农村金融方式。第三，自英国工业革命之后，生产关系产生的巨大变革释放的强大生产力

加上工业大生产对于生产效率的提高极大提升了西方国家的生产力发展水平，表现在金融方面，即是日益丰富的金融产品及西方金融势力对于其他地区的渗透与掠夺。在清朝后期，外国金融势力大举侵入我国，作为应对，我国也开始了对于创立新式银行的探索。这些都极大地丰富了我国农村金融的表现形式。

此后直至新中国成立，伴随着生产力关系的变革，以及长时期的社会动荡，我国农村金融进入了新的发展时期，成为广大农村居民自救及互助的重要手段。一方面，其间进步的如信托公司、交易所及新式农村信用合作社的出现都极大地丰富了农村居民的金融选择。另一方面，钱庄的发展及高利贷的盛行也说明了当时农村金融巨大的需求与有限的供给之间的矛盾。为了解决这样的矛盾，自发组织的互助组织如互助会、合会开始出现于我国农村地区。在当时的部分研究中，婚丧嫁娶仪式中的份子钱也被视为募集资金的一种农村金融表现形式。直至新中国成立，我国农村金融才进入了有计划、成建制的发展阶段。

2 农村金融的概念

虽然农村金融在我国的历史悠久，但长期以来，我国农村金融一直处于有实务、无概念的尴尬境地。严格意义上讲，农村金融并不是一个具有明确法律含义的表达，甚至在经济学中也不存在关于它的确切界定。对于农村金融的外延与内涵，不同的专家学者有不同的理解与解释。

西方的主流观点认为世界各国金融体系的结构和功能都是十分复杂的，一个国家的金融体系之中存在着许多不同种类的机构，如银行、保险公司、互助基金、股票和债券中介等，不同国家这些机构在金融体系中所占到的比例与起到的作用都有着完全不同的特点。就我国农村金融现实来看，在实际的金融活动中，很少出现在农村从事股票、债券、基金、信托和租赁等相关金融活动的组织机构，农村金融可以被大体概括为以面向银行业金融组织这一基本金融主体的间接融资为主的金融活动。

我国对农村金融的界定，也主要着眼于农村金融集中在农村地区这一活动区域、主要从事货币流通和信用活动、与农村经济活动具有紧密关系等特点上。中国人民银行农村金融发展课题组在 2008 年的《中国农村金融发展报告》中对我国农村金融的概念进行了适当的表述。在我国，农村金融一般是指在县及县以下地区提供的存款、贷款、汇兑、保险、期货、证券等各种金融服务，包括正规金融和非正规金融（即民间金融）。但值得注意的是，2008年的《中国农村金融发展报告》提到，中国人民银行农村金融服务研究小组的相关研究表明我国农村金融服务主要由正规金融提供，因此非正规金融并没有被列为其研究对象。以下几种观点也集中反映了农村金融的相应特点：农村金融是指一切与农村货币流通和信用活动有关的各种经济活动。农村金融是农村货币流通和信用活动的总成。它是随着商品交换的发展，货币在农村领域发挥流通手段和支付手段职能所形成的一个经济范畴，是依存于农村物质资料再生产的一种货币信用关系。农村金融是农村货币流通与信用活动的总称，包括吸收农村存款、发放农村贷款、办理农村现金收付和转账结算以及发展农村信用合作等业务活动。基于相关研究的理论基础以及我国农村金融活动的现实状况，可以认为作为市场经济条件下农村货币资金运用中信用关系总和的农村金融，是指以农村经济活动为基础，以农村为活动领域，以农业和农民为服务对象进行的货币流通、资金流动和信用活动。但值得注意的是，将农村金融限定在以银行和其他存贷款机构为主题的范围，并不意味着农村金融仅指存贷款活动。

3 农村金融的特质

我国农村金融活动领域和服务对象的特殊性决定了农村金融具有不同于城市金融的特点。具体而言，其特质可以概括为以下几个方面。

3.1 农村金融的活动规模和发展程度由其所处的农业发展阶段所决定

农村金融的基本功能是满足农村经济发展过程中的生产需求、投融资需求和服务性需求。由此决定农村金融不能凌驾于农村经济发展之上、不能脱离农村经济和农业生产现状而盲目追求自身的发展，而应当受农村生产力发展水平和农村商品经济发展程度的制约和决定。一般而言，发达国家的农业具有较高的科学技术转化率和适用度，采取规模化的经营方式，同时具有向纵深发展的一体化经营和注重可持续发展的特性，使其商品化程度高、资金周转快，具有较高的收益率和抗风险性。发展中国家则多处于农业发展初级阶段，农业生产规模小、利润低，经济力量有限，对自然灾害等意外事件具有弱抗力，从而使得农业信贷资金贷款具有高风险性和低收益率，导致商业性金融进入农村市场的动力不足，农村金融主要依赖政策性金融和合作性金融。

3.2 农村金融具有高风险性，与商业性金融具有天然的异质性

作为农村金融服务对象的农业生产具有易受自然灾害影响，农作物生产周期长的波动性、弱质性等特点，使得农村金融机构业务风险增加、货币资金周转慢、流通时间长、利润水平低下，农业资金呈现低收益、高风险、高成本的特性。农业资金运作的上述特性，有悖于商业性金融追求贷放资金安全性、营利性和流动性的基本原则，即使在农业生产十分发达、农业经营利润水平较高的国家，仍然存在这一矛盾，使得商业性金融机构对农业贷款的投放相对较少，多以中短期贷款为主，且依赖于政府补贴和优惠措施的引导。

3.3 农村金融与国家农业政策紧密联系，具有较强的政策性

在任何国家，农业都是国民经济的基础，都是受到国家保护和支持的产业，国家往往通过政策倾斜和资金扶持来影响农业主体行为，支持农业生产发展，农村金融是其重要渠道之一。这一特点在各国农村金融实践中均可考察到，如在法国农业信贷银行发展过程中，凡符合法国国家政策和国家发展规划的项目，银行都给予优先支持，甚至贴息，例如第二次世界大战后，国家要实现农业机械化，法国农业信贷银行和其他农业金融机构便发放农业机械贷款；要合并小农场，金融机构就发放购买土地贷款；要防止农民外流，就对青年农民发放贴息贷款等。农村金融往往需要围绕国家的农业产业政策及其目标进行金融活动，以发挥其对农村和农业发展提供金融支持的功能。

4 农村金融的地位

我国国民经济和社会发展第十三个五年规划纲要中明确提出了大力推进农业现代化的发展目标，深化农村金融改革，完善农业保险制度是推进农业现代化的重要措施。“十三五”规划纲要还提出要构建多层次、广覆盖、有差异的银行机构体系，扩大民间资本进入银行业，发展普惠金融，着力加强对中小微企业、农村特别是贫困地区金融服务。不难看出，农村金融在我国“十三五”发展期间具有十分重要的地位，是推进我国农业现代化发展的重要抓手。

4.1 农村金融是农村再生产过程的重要组成部分

农村金融作为农村货币与资金的融通，是农村经济的重要组成部分，也是农村再生产过程的一个重要组成部分。农村再生产过程由生产、分配、

交换、消费四个环节组成。信用关系作为一种分配关系，处于农村再生产过程的分配及交换环节。信用通过对闲置资金的再分配，在一段时间内改变了货币资金的使用权，从而实现了资源的优化配置，信用也通过利息收支改变了社会产品与国民收入的分配。信用的分配职能与流通中货币的运动紧密联系，而货币运动又与商品运动紧密联系，构成了完整的交换环节。总之，以信用活动和货币流通为核心内容的农村金融，处于农村再生产的分配和交换环节，是农村再生产过程的重要组成部分。

4.2 农村金融是农村经济良性发展的强劲助推器

马克思指出："一定的生产决定一定的消费、分配、交换和这些不同要素相互间的一定关系。当然，生产就其片面形式来说也决定于其他要素。"马克思关于"生产决定分配、交换、消费，而分配、交换、消费又影响生产"的基本原理表明，在农村经济和农村金融的关系上，经济发展是金融发展的前提和基础，而金融发展则是推动经济发展的动力和手段。一方面，农村经济的持续发展、国民收入的不断增加以及各经济主体对金融服务需求的日益增长，将会有力促进农村金融业的发展；另一方面，农村金融活动通过信用方式筹集资金，并通过对资金的合理分配，支持农村的现代化建设，改善农村生产和农民生活条件，为提高农民收入创造条件。农村金融活动既为商品供求所决定，又对农村商品供求关系起重要调节作用。农村金融机构通过农村贷款的投向、投量和差别利率等手段，可以对农村商品生产和流通起到直接和间接的作用，从而起到调整农村经济结构，引导生产和消费的作用。总之，农村金融通过筹集农村货币资金调节农村经济结构，通过管理农村货币资金稳定农村经济，从而成为农村经济良性发展的强劲助推器。

4.3 农村金融是实现农业现代化和建设社会主义新农村的重要保障

首先，三农问题是关系改革开放和现代化建设全局的首要问题。当前，制约三农发展的诸多因素中农业生产资金短缺是首要因素。而农业生产资金短缺除了农民积累能力弱小、财政支持力度有限外，还在于农村金融制度不健全、金融市场不完善。因此，必须加快农村金融体制改革步伐，着力改善农村金融服务，加大信贷支农力度。其次，大力推进我国农业和农村经济结构调整，实现由传统农业向现代农业转变，是应对中国加入 WTO 后所面临挑战的必由之路。无论是推广良种和先进科技还是发展畜牧业和水产养殖业，无论是发展高效农业还是发展特色农业，都需要大规模资金投入。

因此，除了依靠农民自身积累和极为有限的财政支持外，必须有强大的农村金融作后盾。再次，经过三十多年的改革开放，虽然我国农村居民生活总体上达到了小康水平，但农业弱、农民穷、农村经济社会落后的面貌没有得到根本改变。农村基础设施条件差，农村居民难以享有与城市居民相同的文化、教育、卫生、社会保障等权利，建设社会主义新农村任务艰巨，离全面小康的目标还有很远的距离。因此，单纯依靠财政转移支付和扶贫资金注入，没有强大的金融支持与配合，是难以实现的。

第二节　我国农村金融服务现状

1　我国农村金融的二元结构——正规金融与非正规金融

二元金融机构是指因为我们国家还处于发展中国家的发展阶段，还存在很普遍的金融抑制，在这样的背景下，我们的金融体系呈现典型的二元结构特点，即一方面是遍布全国的国有银行、商业银行和拥有现代化管理与技术的外国银行的分支网络，组成了一个有限的，但却是有组织的金融市场；另一方面则是传统的、小规模经营的非正式金融组织，广泛存在于经济的各层次。和大多数发展中国家一样，我国的农村金融也存在着正规金融体系和非正规金融体系两个部分的划分。

有关正规金融与非正规金融内涵与外延的界定并未形成统一的认识，但基本都以是否受到官方监督或者中央银行调控作为划分标准。世界银行将非正规金融定义为那些没有被中央银行监管当局所控制的金融活动。而受到中央银行和金融市场当局监管的那部分金融组织或活动一般称为正规金融组织或活动。

1.1 我国农村正规金融的组织形式

根据金融资源配置的主体、目标和地位，设立的目的、宗旨，业务运行机制，资产和负债结构等诸多方面的不同，金融机构可以划分为政策性金融机构、商业性金融机构和合作性金融机构三种类别。按照这一划分，我国的农村正规金融体系主要由以中国农业发展银行为主的政策性金融机构，以中国农业银行为主的商业性金融机构和以农村信用合作社、农村合作银行为主的合作性金融机构构成。

除此以外,也有一小部分其他类别的正规金融机构活跃在农村金融市场,包括在农村地区提供服务的政策性保险公司、商业性保险公司、证券公司、期货公司等。近年来,随着农村地区金融市场的发展,不同于传统金融机构模式的一些市场主体也慢慢出现,丰富了农村金融市场中正规金融机构的类型,这一部分市场主体包括小额贷款公司、小额信贷组织、典当行等。其具体结构可参考图 1-1。

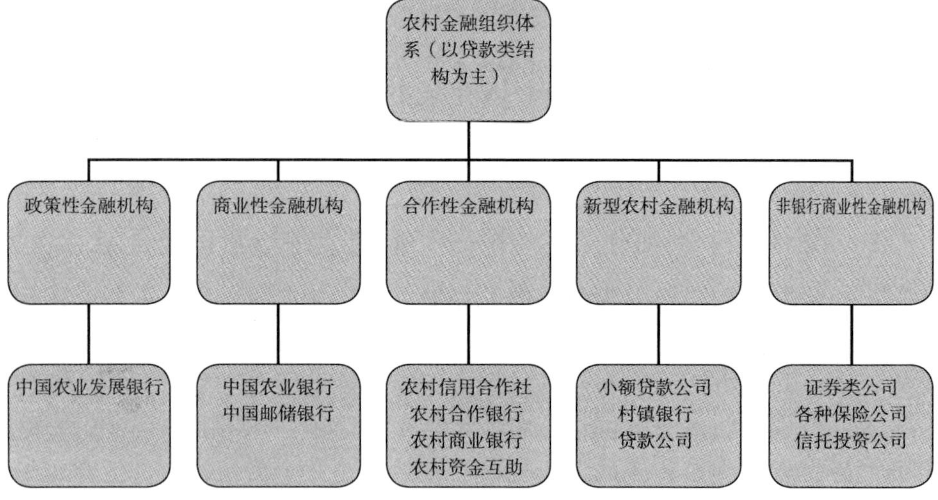

图 1-1　农村金融服务机构

1.1.1 我国的农村政策性金融机构

在我国,农村政策性金融机构在农村运行的根本目的是增加金融资源对农业的供给,用以弥补商业性金融、合作性金融支持农业发展的自有资金和服务缺口,发挥政府对农村部分资源进行配置的功能。开展政策性业务需要国家政策性金融机构来执行。政策性金融支农既不同于财政支农,又不同于商业性金融支农,具有金融和财政的双重优势,在我国农村金融体系中占有特殊地位。我国的农村政策性金融机构主要是指中国农业发展银行。

中国农业发展银行于 1994 年正式组建,在这以前,政策性金融服务是由中国农业银行、中国工商银行等金融机构提供。农村政策性金融业务分

散在各家商业银行，不便于统一管理和使用政策性资源，形成合力，其使用效率和效益不高。那时候，“打白条”成了农村的流行语，农产品收购资金不足，农民农业生产积极性受到打击。

1994 年，中国农业发展银行刚成立时，其主营业务依然委托中国农业银行，1996 年以后开始设置自身的基层分支机构，业务逐渐实现自营，独立地提供政策性农村金融服务。中国农业发展银行实行的是总行一级法人制，其总行设在北京，下设一级分行、二级分行、支行，总行和分支行实行垂直领导的管理制度。

2005 年，中国农业发展银行不断拓展农村金融服务业务范围，加大面向“三农”的服务力度，除了主营的粮棉油收购贷款外，还提供了有特色的农业产业化经营和农业农村中长期贷款服务，并且大力发展中间业务，形成了新型的多方位的支农服务格局。2006 年，中国农业发展银行根据银监会的批复文件开办了农村城镇建设贷款和公众存款业务，这是该行产品和服务的进一步完善，截至目前，中国农业发展银行已经形成了以国家粮棉购销储业务为主体、以支持农业产业化经营和支持农业农村基础设施建设为两翼的新型服务格局。

中国农业发展银行作为国家的政策性银行之一，经营时要考虑国家的整体利益、社会利益，不以营利为目的，但政策性银行的资金并不是财政资金，也必须考虑盈亏，坚持银行管理的基本原则，力争保本微利。中国农业发展银行的经营就是指其贷款的经营，作为政策性贷款首先要讲有偿性，使用贷款是以偿还为条件的，其次才是政策性，按政策使用贷款。政策性贷款失去了偿还性就失去了自身存在的价值，就等同于社会救济金，那么政策性银行的功能和作用就完全失去了。

1.1.2 我国的农村商业性金融机构

独立经营、自负盈亏是农村商业性金融机构的本质。

（1）中国农业银行

成立于 1951 年的中国农业银行，是中华人民共和国成立后我国设立的第一家商业银行。1979 年农业银行恢复成立，总部设在北京，成为在农村领域内占绝对主导地位的商业银行。1994 年、1996 年中国农业发展银行、农村信用社先后与其脱离行政关系，目前是国内四家大型国有商业银行之一。

面向“三农”、整体改制、商业运作、择机上市是 2007 年确定的农行改制的总体原则。2009 年，中国农业银行完成了工商变更登记手续，整体改制成为股份有限公司，全称为中国农业银行股份有限公司。截至2012年12月末，境内分支机构共计23472个，包括总行本部、总行营业部、3个总行专营机构、37个一级（直属）分行、348个二级分行（含省区分行营业部）、3482个一级支行（含直辖市、直属分行营业部、二级分行营业部）、19545个基层营业机构以及55个其他机构；境外分支机构包括4家境外分行和5家境外代表处。

农行拥有12家主要控股子公司，其中境内9家，境外3家。中国农业银行着力于成为面向“三农”、城乡联动、融入国际、服务多元的一流现代商业银行。

农行农村金融产品与服务主要有三大类，主要包括“三农”个人产品、“三农”对公产品和县域中小企业金融服务。

“三农”个人产品主要包括金穗惠农卡、惠农信用卡、农户小额贷款、地震灾区农民住房贷款、农村个人生产经营贷款、县域工薪人员消费贷款等。

“三农”县域中小企业金融服务主要包括县域中小企业应收账款质押融资业务、县域中小企业产业集群多户联保信贷业务、“三农”特色农产品抵押贷款（黑龙江分行）、县域特色中小企业多户联保贷款（湖南分行）、小企业简式快速贷款、小企业多户联保贷款（山东分行）等。

“三农”对公产品主要包括县域中小企业动产质押融资、季节性收购贷款、县域商品流通市场建设贷款、化肥淡季商业储备贷款、农村城镇化贷款、农村基础设施建设贷款、农民专业合作社流动资金贷款、森林资源资产抵押贷款等。

（2）中国邮政储蓄银行

根据国务院金融体制改革的总体安排，在改革原有邮政储蓄管理体制基础上，2007年3月中国邮政储蓄银行有限责任公司正式成立。2012年1月21日，经国家上级管理和监管部门同意并批准，邮储银行又从有限责任公司变更为了股份有限公司。

中国邮政储蓄银行经过前后26年改制的不懈努力，已成为全国网点规模最大、网点覆盖面最广、客户最多的金融服务机构。截至2012年10月底，中国邮政储蓄银行拥有营业网点3.9万多个，ATM机4万多台，提供电话银行、网上银行、手机银行、电视银行等新型服务方式，服务触角遍及城乡，成为“延伸城乡金融最后一公里”的金融机构。

中国邮政储蓄银行充分依托覆盖城乡的网络优势，不断丰富业务品种，

不断完善营销渠道，不断提升服务能力，坚持服务“三农”、服务中小企业、服务社区的定位。

中国邮政储蓄银行把金融服务从传统的储蓄、汇兑、代收代付等业务，延伸到存单质押贷款、小额贷款等零售信贷业务，通过资金市场业务、银团贷款等批发性资金运用业务，为农村基础建设提供资金，还开办了个人商务贷款、住房贷款等业务，直接满足了广大农户的融资需求；为了适应县域和农村市场上客户缺乏有效抵、质押物的情况，推出了农户和商户的联保贷款、保证贷款等产品。

服务方式上，邮储银行在全国率先试点农村手机支付业务，依托网络优势和信息技术，为农户提供基础金融服务。在广东、上海、浙江等经济发达地区，邮储银行非常重视农民工汇款结算的服务质量。由于农民工汇款时间比较集中，采取了增加服务台席、延长服务时间、主动上门进厂服务等措施，尽量减少农民汇款的等候时间；还针对农民工，推出了预约汇款、电话汇款等新的服务。

（3）地方性农村商业银行

除了中国农业银行和中国邮储银行外，地方性的农村商业银行也是我国农村金融市场中商业银行的重要组成部分，这里所称的地方性的农村商业银行，是在农村合作银行和农村信用合作社改革和发展的基础上建立的商业银行，一般设立在农户行为商业化程度和农村经济发展水平较高的发达地区，如首批成立的张家港市、常熟市和江阴市农村商业银行即属于这个范畴。

1.1.3 我国的农村合作性金融机构

农村合作性金融机构的主体相对复杂，主要包括农村合作信用社、农村合作银行以及村镇银行、贷款公司、农村资金互助社等新型农村金融机构。其中，农村信用合作社是最主要的组织形式，也是分布最为广泛、法人机构和从业人员最多的农村合作性金融机构。农村合作银行在性质上可以定位为股份合作制社区性地方金融机构，其主要任务是为农村经济的发展提供金融服务。所谓股份合作制是在合作社的基础上，吸收股份制运作机制的一种企业组织形式。2006年，根据银监会颁布的《关于调整放宽农村地区银行业金融机构准入政策，更好地支持社会主义新农村建设的若干意见》，村镇银行、贷款公司和农村资金互助社开始进驻农村金融市场并迅速扩张。

1.2 我国农村非正规金融的组织形式

我国农村非正规金融的产生和发展在相当程度上取决于外在因素即金融抑制以及由金融抑制导致的政策扭曲。一方面，对国家银行信用的片面强调导致在金融安排上产生无视民间信用的缺陷；另一方面，农村正规金融供给不足与农村经济资金需求高涨之间存在着严重的不对称，催生了农村非正规金融的产生和蓬勃发展，使其成为农村资金融通的重要渠道。

1.2.1 农村合作基金会

农村合作基金会是在 20 世纪 80 年代中期由农村集体经济组织和农户进行的自下而上的内部融资尝试。以社员股金、集体资金、储蓄存款和相关的扶持资金为其资本来源，以社区内集体经济组织、乡镇企业、各种类型的社会化服务组织、承包户、专业户和农户为主要服务对象，由农业部管辖其经营组织。农村合作基金会具有强大的内生性，在很大程度上缓解了农村资金供给不足的矛盾。在后续的发展中，由于政府的不当干预使得农村合作基金会朝银行化的方向发展，违背其合作基金的互助宗旨，出现大范围的挤兑风险，最终导致被国家明令清理关闭。但采取这种“一刀切”的方式取缔农村合作基金会，显然没有完全照顾到农村金融的实际需求以及农村合作基金会存在的现实基础。

1.2.2 民间借贷

民间借贷是农村非正规金融的主要形式，更多地表现为农村居民个人之间、个人（含私营企业主）与民间金融组织之间的货币性借款融资，具体组织形式主要有合会、钱庄、无息借款、高利贷等。

2　我国农村金融发展综述

截至 2012 年末，中国农业发展银行共发放粮油贷款余额 8962.43 亿元。当年投放各类粮油收购贷款 3409.31 亿元，同比多投放 52.15 亿元，增幅为 1.55%；支持开户企业收购粮食 3221.19 亿斤（1 斤 = 500 克），同比多收 214.05 亿斤，增幅为 7.12%；收购油料 145.89 亿斤，同比多收 25.2 亿斤，增幅为 20.88%。农业科技贷款得到有效发展。发放农业科技贷款 194.51 亿元，支持企业 537 家，同比多发放 43.41 亿元，增幅 28.73%。中国农业发展银行还积极支持种植、养殖、加工、流通等各类农业小企业和农民专业合作社经营发展，发放贷款 73.29 亿元，支持农业小企业 1465 户。中国农业发展银行为了响应国家号召，建设社会主义新农村，累计发放新农村建设贷款

1708.04 亿元，支持项目 922 个，新增有效耕地面积 4.72 万亩（1 亩＝ 667 平方米），置换出建设用地 13.58 万亩，整治村庄 510 个。新增农民住房面积 888.64 万平方米，农村危房改造面积 90.36 万平方米，新建农民集中住房区 100 个，改善住房涉及 7.6 万户。发放水利建设贷款 469.23 亿元，支持项目 301 个。支持病险水库除险加固 74 座，增加蓄水 1.17 亿立方米，增加或改善灌溉面积 60.44 万亩，修缮疏浚河道沟渠 1014 千米，解决 396.07 万人饮水问题。发放农村路网、农村公共设施、农业生态等农业农村基础设施贷款 427.33 亿元，支持项目 565 个。累计新建或改扩建公路 6095 千米，新建或改扩建供排水设施 504 个，新增使用天然气人口 37.8 万人，新增供暖面积 3314.7 万平方米，新增污水处理能力 16 万吨 / 日，实现小水电代燃料 1540 户，电站总装机容量 389.7 万千瓦，中低产田改造 11.9 万亩，新增林地 26 万亩。

同时政府还提供了政策性保险服务，开发和推广政策性农保产品，覆盖农业生产风险。由财政资金主导建立自然灾害补偿基金，专门用于赔付因遭受自然灾害而损失的农业贷款，以降低金融机构支农成本。目前，农业保险险种已经覆盖了农、林、牧、副、渔业的各个方面。据保监会统计，2007 年至 2011 年，农业保险共计向 7000 多万农户支付保险赔款超过 400 亿元，户均赔款近 600 元，占农村人均年收入的 10% 左右。2011 年我国农业保险为 1.69 亿农户提供了 6532 亿元的风险保障，承保作物面积 7.87 亿亩，占全国播种面积的 33%，部分省份如黑龙江、安徽省等地已基本实现了近 100% 全覆盖，承保林木 9.2 亿亩，牲畜 7.3 亿头。

截至 2012 年底，我国已经发起设立了 863 家新型的农村金融机构，其中贷款公司 14 家、村镇银行 800 家、农村资金互助社 49 家，这些机构中有 60.2%分布在中西部地区。新型农村金融机构累计吸引各类资本 369 亿元，对各类小微企业和个体农户贷款余额 1316 亿元，其中给予小微企业贷款余额占全部贷款余额的近 50%，给予个体农户贷款余额占比为 30%，两者合计达到 80%的高比例。同时新型农村金融机构推出了以收费权质押创新为代表的一系列创新型产品和服务，满足了“三农”的贷款需求。

第二章
农村金融服务的现状及类型

第一节　改革开放后我国农村金融改革的探索

1　农村正规金融改革

改革开放后，我国农村金融改革是一场围绕着更好地适应农村发展需要，更好地服务于农业发展和满足农民的信贷需求为目标的，全方位的、多层次的改革。其中，正规金融体制改革的核心目标是重拾农村金融供给主体并重构现代农村金融体系。这一阶段的改革主要有三个方面的成就。

1.1 全面恢复农村金融体系

中国农村金融体系恢复是从农村信用社开始的。1977 年，中央出台了《关于整顿和加强银行工作的几项规定》，对农村信用社的整顿与改革正式在全国范围内开展起来。此次改革明确了农村信用社的性质，并将农村信用社与人民银行的营业所合二为一，接受人民银行的管理和领导。随着农村信用社恢复的深入，围绕农业银行的改革也逐渐提上了日程。1979 年，中央出台《关于恢复中国农业银行的通知》，农业银行重新登上农村金融的历史舞台。为了避免农业银行与人民银行撞车的短命悲剧重演，在管理归口上明确农业银行系国务院的直属机构。

1.2 探索农村信用社出路

从 1951 年发展农村信用社草案的出台到 1969 年把农村信用社管理权下放给贫下中农管理委员会，农村信用社经历了从合作性质到官办性质的转变。因此，无论是农村信用社恢复阶段隶属于人民银行还是农业银行，本质上走的仍旧是“官办”的道路，农村信用社的“三性”属性并没有得到恢复，仅仅是国家银行的农村基层金融组织而已。因此，如何恢复农村信用社的“三性”属性成为这一阶段的主要内容和核心目标。从 1982 年恢复农村信用社“三性”的管理体制改革试点启动到 1996 年《关于农村金融体制改革的决定》出台，是中国农村信用社探索“去官办”化，恢复合作金融组织性质，建立独立经济实体的重要阶段。

具体来说，主要从以下三个方面开展工作：第一，下放农村信用社的

权限，主张信用社独立自主地开展存贷业务；第二，对农村信用社管理和运营体制进行改革，在农村信用社“独立性”方面进行探索，着力构建产权清晰、政企分开、自主经营、民主管理、自负盈亏的管理经营体制，开展农村信用合作社股份合作制改革试点等；第三，理顺农村信用社与人民银行、农业银行的关系，银行营业所与信用社分别设立，建设农村信用社县联社等。虽然农村信用社改革历时较长，但改革并没有取得突破性进展，基本上围绕农村信用社放权问题进行小修小补，加之这一时期是中国经济体制由计划经济向市场经济过渡，国家外部环境的变化也直接传导到农村金融改革上来，使得这一时期的农村金融改革出现了反复和倒退。其中，1985年和1988年是农村金融改革受阻的两个时点。由于1984年年末全国发生信贷失控、货币发行量过多等问题，1985年的金融政策采取信贷紧缩的方针，加之行社脱钩导致信用社系统发生混乱，农村信用社“放权”改革发生反弹，并强化了农业银行对农村信用社的领导和管理；1988年，全国范围内发生通货膨胀，国家加大了对农村金融的管制，收归农业银行领导和管理，取消农村信用社的宽松政策，实行信贷紧缩方针，收回了部分下放的权力。

从1996年中央出台《关于农村金融体制改革的决定》至2003年《深化农村信用社改革试点方案》出台，农村信用社进入了合作制改革阶段。由于上一阶段的改革仍然在“官办”的道路上徘徊，没有在恢复农村信用社性质上取得进展，导致改革后的农村信用社的“三性”原则也流于形式，逐年增加的信贷亏损使其面临着经营上的困难。为此，国家从农村金融的宏观格局进行改革。第一，理顺农村信用社的归口关系，实行农村信用社与农业银行脱钩，改由人民银行监督。对商业化经营的农村信用社进行整顿，将其改造成农村合作银行；第二，开展农村信用社增资扩股建设，把农户吸纳到农村信用社中，真正恢复农村信用社合作制的性质；第三，为了解决资金外流、支付危机等问题，探索县级农村信用社一级法人制建设，组建省联社试点工作；第四，解决农村信用社历史包袱，发行央行专项票据用于置换农村信用社的不良资产，开展农村信用社小额信用贷款、农户联保贷款以及支农再贷款等业务。至此，农村信用社的性质再次回到了1951年时的起点，但是，中国市场化经济体制的建立以及农村金融市场的特殊国情，使得恢复农村信用社合作制性质已不能适应农村发展的现实需要，农村信用社改革进入新的历史发展阶段。

1.3 构建现代化的农村金融体系

现代农村金融服务体系的提出是中国经济体制改革转轨的产物。1993年，中央出台《关于建立社会主义市场经济体制若干问题的决定》，中国经济体制改革开始步入市场经济体制阶段。金融作为市场经济的核心要素，必然也要随之进行市场化改革。因此，在十四届三中全会精神的指导下，出台的《关于金融体制改革的决定》是中国金融改革的总纲领，描绘了中国金融改革的宏伟蓝图。1996年，《关于农村金融体制改革的决定》正式出台，提出“建立和完善以合作金融为基础，商业性金融、政策性金融分工协作的农村金融体系”。至此，基本形成了以农村信用社、农业银行、开办个人储蓄业务的邮局（1986年成立）、开展涉农信贷的国家开发银行（1994年成立）和发展农业政策性金融服务的农业发展银行（1994年成立）等五位一体的现代农村金融组织体系。尽管从1998年开始，坚持商业化导向的中国农业银行等四大国有商业银行陆续退出农村金融市场，但这并没有动摇现代农村金融体系的根基。相反，今天中国的农村金融组织体系都是以这一时期的农村金融体系为范本发展起来的。

2　农村非正规金融改革

农村正规金融机构的缺失以及农村金融服务水平和质量的严重滞后，为农村民间金融的发展提供了空间和舞台。由于民间金融在一定程度上补充了农村正规金融市场的不足，国家在改革开放之初对待农村民间金融的态度是温和甚至鼓励的，1981年批转的《关于农村借贷问题的报告》明确对农村金融的地位予以肯定。

2.1 农村民间金融的快速发展

在国家的正面支持下，农村民间金融取得了快速发展，不论是贫困地区还是富裕地区、粮食产区还是沿海渔区、偏远山区还是城市郊区都普遍存在，呈现出“地广、面宽、金额大”等特征。农村民间借贷资金主要来源形式有社员的农业劳动收入，农民从事商业、服务业、运输业的劳务收入以及从银行、信用社低利息贷款转手放债等三种形式。这一时期民间借贷形式主要有社队向社员筹资、社队之间借贷（社队企业之间的相互借贷和资金占用，属于商业信用性质）、乡镇企业集资（以资带劳、以劳带资、入股分红、支付利息等形式）和个人间借贷（生产、生活借贷）等。伴随着农村民间金融的发展，摇会、标会、打会、私人钱庄以及扮演金融中介的“银

中”或“银背”等农村民间金融组织也悄然兴起。由于农村民间金融的日渐壮大，1985 年中国调控信贷规模时，仅在农村信用社等农村正规金融组织范围内得以贯彻，相反，农村民间金融市场的调控不但没有取得应有的成效，反而进一步刺激了农村民间金融的发展。

民间金融在快速发展过程中，也滋生了农村高利贷问题。事实上，在“文革”结束后，农村高利贷一度盛行，客观存在着公社和生产队向私人借高利贷现象。由于高利贷违背了社会主义的性质，影响了社会主义的经济发展，助长了投机等不良社会风气，限制了农村信用社吸储业务的开展。因此，国务院出台了《关于制止社队高利筹资的通知》等文件，严厉打击高利贷现象在农村的蔓延。但是，由于农村信用社经营体制以及低利率吸储等问题，使得农村信用社在制止高利贷问题中发挥作用的空间受限，而且，农村经济的快速发展与农村正规金融供给的冲突使得国家在打击高利贷问题上态度比较暧昧，为了鼓励农村经济社会的发展，不打消生产者的积极性，中央提出要审慎对待高利贷问题，强调应从资金的使用途径和效益上来界定高利贷，而不是仅仅从利率的高低来界定。

2.2 农村合作基金会的发展和整顿

农村合作基金会是建立在解决人民公社改制过程集体资产流失，盘活乡社积累资本基础上，本着“清财收欠，以欠转贷”方针成立的新型农村金融组织。1984 年，随着中国第一家农村合作基金会正式诞生，农村合作基金会犹如雨后春笋般在全国各地兴起。农村合作基金会的类型丰富、内容多元、形式多样，主要有“社区性农村合作基金会、专业性农村合作基金会、企业性农村股份合作基金会”3 种类型，包括以救灾扶贫为主要目的的互助储金会、以发展生产为目的的生产发展基金会、以服务农民信贷交易的农村资金拆借市场以及股份合作基金会、农村互助储金会等多种具体形式。

农村合作基金会“适应发展商品生产的不同要求，有利于集中社会闲散资金，缓和农业银行、信用社资金供应不足的矛盾”，在“满足高产优质高效农业发展的需要”等方面具有重要的作用。因此，从 1992 年到 1993 年，中央对农村合作基金会的发展持鼓励的态度，指出“允许农民和集体的资金自由地或有组织地流动，不受地区限制”。

伴随着农村合作基金会的快速发展，风险与问题也随之出现，并严重扰乱了金融市场秩序，国家开始对农村合作基金会进行整顿。对农村合作基金会整顿最早可追溯到 1994 年。其后 1996 年通过的《关于农村金融体制改革的决定》明确提出要对社区性合作基金会进行整顿，把农村合作基金会纳入农村信用社管理体制，并于1997年开启全面整顿。1998年《非法金融机构和非法金融业务活动取缔办法》出台，对农村合作基金会的整顿进一步深入。到1999年1月，农村合作基金会在全国范围内被统一取缔和撤销。至此，存续了16年的农村合作基金会正式告别历史的舞台，特别是2002年，中央出台《中国人民银行关于取缔地下钱庄及打击高利贷行为的通知》，中国农村民间金融进入了低潮阶段，并被迫由“地上”转入“地下”发展。

第二节　改革开放后我国农村金融改革的深化

自2003年以来的农村金融改革已进入到发展和深化阶段。这一时期的农村金融改革克服了之前仅从农村金融机构进行改革的单只脚走路的弊端，转而走买方市场与卖方市场、供给主体与需求主体同步推进的改革思路。虽然围绕着农村金融需求主体而进行的信用体系建设、农业保险推广、担保抵押品范畴的扩大等改革内容取得了重大进展，也在一定程度上提高了农民信贷可能性的概率，缓解了农村金融市场供需矛盾，但这些都是伴随着农村金融组织体系建设而同步推进的产物，并不是这一时期农村金融改革的主流和核心主线。这一时期的主要内容是农村金融市场的放开以及伴随而来的农村金融的发展。因此，就目前而言，新世纪以来农村金融改革的两大典型特征是农村金融存量改革的深化以及农村金融的增量发展。

1　深化农村金融存量改革

农村金融存量改革是农村正规金融组织适应农村金融市场需要而持续进行的帕累托改进，其目的是盘活农村金融资源存量，激活农村正规金融的资本活力，从而在服务“三农”与自我发展之间找到最优解。

1.1 深化农村信用社改革

为了更好地适应农村金融外部环境的变化，农村信用社及时调整了改革的方向和思路，从合作制转向以商业化为导引，以股份制为核心，以建

立现代金融产权为目的的改革思路。新世纪以来的农村信用社改革思路早在2002年中央出台的《关于进一步加强金融监管，深化金融企业改革，促进金融业健康发展的若干意见》中就已初步形成，指出"农村信用社改革的重点是明确产权关系和管理责任"。2003年，以《国务院关于印发深化农村信用社改革试点方案的通知》为标志的，以"明晰产权关系，强化约束机制，增强服务功能，国家适当支持，地方政府负责"为总要求的农村信用社改革正式启动，决定在县联社的基础上成立省级联社。按照《方案》的要求，选择了吉林等8个省市作为农村信用社改革的试点单位。并在2004年的《关于进一步深化农村信用社改革试点的意见》中把试点单位覆盖到北京等21个省市。随着2006年海南省农村信用社改革试点正式启动，中国农村信用社改革具有了全国意义。

这一时期的农村金融改革主要有两个方面的特征。一方面，重新理顺了农村信用的归口关系，把农村信用社的管理权由中央银行系统转移到省级政府手中，成立省级联社，由省联社领导和管理基层农村信用社，由银监会和人民银行共同监管。另一方面，以深化农村信用合作社产权为核心，通过增资扩股等方式壮大信用社规模，因地制宜地选择股份制、股份合作制和合作制等多元产权形式，完善农村信用社的法人治理结构。随着2003年中国首家股份合作制银行——宁波鄞州农村合作银行诞生，中国农村信用社产权改革正式进入法人治理轨道。

1.2 商业性和政策性农村金融改革

2007年，国家把从农村退出的向商业银行转制的农业银行重新带回农村金融市场，并对其进行股份制商业银行改造。2009年，农业银行由独资商业银行改制为股份有限公司。在农业银行转制过程中，农业银行"三农金融事业部制"改革试点工作稳步推进。并分别于2010年和2011年新增8个和4个省份进行试点。2009年，《中国农业银行三农金融事业部制改革与监管指引》文件出台，这是农业银行"三农金融事业部制"改革的纲领性文件。此后，《中国农业银行股份有限公司三农金融部管理章程》《中国农业银行三农金融事业部制改革试点实施方案》《关于扩大中国农业银行"三农金融事业部"改革试点范围等有关事项的通知》等规范性文件陆续出台，农业银行"三农金融事业部"改革工作有序推进。

为了削弱邮政储蓄的"抽水机"功能，从2003年开始，通过利率调控等手段提高邮政储蓄服务"三农"的能力和水平。2007年，中国邮政储蓄银行正式挂牌成立，开展小额信贷业务。2012年，《关于细化中国邮政储蓄银行有限责任公司股份制改革实施方案的批复》对邮政储蓄银行的支农服务力度提出了明确要求，有力推动了邮政储蓄银行服务“三农”的力度。

为了适应农村经济社会发展的需要，农业发展银行改革也随之推进，只是与其他农村金融机构相比，农业发展银行改革的节奏较慢、速度较缓。事实上，从2006年开始，农业发展银行就已经着手改革，开展农业综合开发业务就是典型的改革样本。但业界认为，农业发展银行正式启动改革工作是2011年。特别是《中共中央关于全面深化改革若干重大问题的决定》明确提出“推进政策性金融机构改革”以来，农业发展银行改革提上日程。2014年，国务院常务会议审议通过《中国农业发展银行改革实施总体方案》，这标志着作为中国农村金融体系中最后一个改革的农业发展银行正式进入改革的快车道。

2 加快农村金融增量发展

农村金融增量是在农村金融存量基础上新增加的“量”，它或者是以资本入股的方式或者是以农村金融组织的方式进入农村金融市场，以此来提供农村金融的供给“量”，从而缓解紧张的农村金融信贷矛盾。农村金融市场一方面面临着供给与需求失衡问题，另一方面面临着农村民间资本的合法化难题。如何让民间资本合法化进入农村金融市场成为新世纪以来农村金融改革的难题。2005年的《国务院关于鼓励支持和引导个体私营等非公有制经济发展的若干意见》提出“农村信用社要积极吸引农民、个体工商户和中小企业入股，增强资本实力”，为农村民间资本进入农村金融市场奠定了基础。同年的政府工作报告中首次提出“金融机构所有制多元化”的概念，这就为农村金融资本进驻农村金融机构提供了政策基础。中国农村信用社扩资入股改革就是典型的农村金融增量改革。

需要强调的是，农村信用社“扩资”式的增量改革门槛较高、空间有限，无法把农村民间资本真正盘活。为此，中央采取降低农村金融市场准入的方式引进农村金融组织。从2005年开始，进行了“农村小额信贷组织”试点工作。从2006年开始，中央陆续出台《关于调整放宽农村地区银行业金融机构准入政策的若干意见》《关于调整放宽农村地区银行业金融机构准入政策，更好支持社会主义新农村建设的若干意见》等文件，明确提出“积极支持和引导境内外银行资本、产业资本和民间资本到农村地区投资、收购、

新设银行业金融机构”，并把农村资金互助社、村镇银行和贷款公司等纳入试点范围，首批试点在吉林等6省区开展。2007年，村镇银行等试点工作扩大到全国31个省（区、市）。为了更好地规范和约束农村新型金融机构的发展，银监会、人民银行等部门陆续出台了《农村资金互助社管理暂行规定》（2007年）、《村镇银行管理暂行规定》（2007年）、《关于银行业金融机构大力发展农村小额贷款业务的指导意见》（2007年）、《关于小额贷款公司试点的指导意见》（2008年）、《关于村镇银行、贷款公司、农村资金互助社、小额贷款公司有关政策的通知》（2008年）等文件，有效地推动了农村新型金融机构的发展，为中国农村金融增量发展提供了制度保障。

第三节　当前我国农村金融存在的主要问题

1　三农贷款水平总体偏低

三农贷款可以分为农业贷款、农村贷款、农户贷款以及涉农贷款四个类型，据中国人民银行2013年“三农”贷款与县域金融统计来看，我国金融机构对三农贷款的发放水平仍然偏低，农业贷款和涉农贷款严重不足，严重影响农村地区的可持续发展。其具体表现如下。

1.1 农业贷款占各项贷款比重低于第一产业增加值占GDP的比重

2012年末，农业贷款余额占各项贷款余额的4.1%，同年我国第一产业增加值占国内生产总值的10.1%。可以明显看出我国农业贷款占各项贷款比重要远低于相应产业占国民经济生产总值中的比重，农业贷款的规模与我国农业巨大的生产规模不匹配。

1.2 三农贷款不良率仍然偏高

2012年末，我国农业贷款不良率为6.4%，农户贷款不良率为5.7%，涉农贷款不良率为2.4%，这一水平较之前已有极大改善，但必须注意的是，2012年末，农村信用社涉农贷款不良率为7.8%，高出全金融机构5.4%。这说明我国目前农村地区金融机构在贷款审核、信用评价、风险控制方面仍然有极大的提升空间，与国内大型商业银行相比仍然有很大差距。我国农村金融机构的贷款不良率较高的原因除了自身经营管理不够完善、治理结构存在一定问题外，在农村地区经营还面临比城市经营更高的系统性风险，同时也欠缺相应的农业保险等一系列配套风险转移和分散手段。

2 农村金融产品及服务与需求不完全匹配

农村金融产品需求主体是农户，由于农户自身的特性，其金融需求呈现多样化和个性化，不仅有贫困农户对维持生活开支、小规模生产经营的资金需求，有一般收入农户的经营性资金需求，有专业户对规模化种养、专业化生产或发展第二和第三产业的大额贷款、结算、金融咨询、租赁等金融需求，还有教育、住房、医疗等因素导致的助学贷款需求、住房贷款需求、疾病贷款需求等。农村金融产品就其内容而言，主要是向农村经济主体提供储蓄、贷款、结算、汇兑、金融咨询、信托、保险、信用卡、有价证券发行和买卖、理财产品、贵金属等金融服务。以作为支农主力军的农村信用社为例，其主要为农户提供储蓄、抵押类贷款和小额信用贷款，信贷方式及额度等与多样化的农户金融需求之间有一定差距，使得农村金融产品供给与农户金融需求出现错位。一方面导致了广大农户多样化的资金需求得不到满足，另一方面农村金融机构资金又不得不寻找县域工业企业，致使资金流向农村以外地区。

随着近几年农业结构调整力度不断加大，以及支农范围的不断拓宽，对支农贷款的需求在期限上更加多样化，整体期限相对延长。而现在的支农金融产品往往只适合传统的粮食种植和普通养殖期限，造成农户信贷供求结构期限上的错位。而贷款程序复杂、审批时间过长等特点根本不适应农户资金需求短、频、快的特点，反而提高了劳务成本和机会成本，对于额度较小的农业贷款来说难以负担。像联保贷款，采取“一户贷款，多户担保，余额控制”的模式，用途主要是生产资料购买和生活消费。其缺陷是，尽管农民不需要抵押而获得贷款，但实际上农户寻找并参与联保小组却存在一些困难和成本，其中难免涉及亲情和人情问题。一些经济困难、得不到其他村民信任的农户，可能会由于参加不了联保小组而得不到贷款。至于贷款风险问题，尽管有联保小组其他成员作担保，但是农民经营内容的单一性、同质性和固有的狭隘意识使得连带责任往往难以实现。

3 农村金融产品供给价格较高

对信贷产品来说，信贷供给价格包括合同约定的利率和其他附加成本。利率是衡量资金价格的重要因素，农业贷款的利率上浮幅度比较高，作为农村地区占绝对主体地位的农村信用社，贷款浮动的权限是基准利率的90% ~ 230%，小额贷款公司贷款浮动上限为400%。事实上，利率下浮的贷款少之又少，即使有，也主要是对当地规模较大、管理完善的大型企业，普通农户和中小企业很难享受到。据调查，农村信用社、小额贷款公司贷款利率上浮的占95%以上，浮动幅度超过200%的占70%以上。除了利率以外，贷款的附加成本也是一项比较大的负担。农户在农村信用社贷款一般还需要缴纳股金，入股金额一般是贷款额的5% ~ 10%。还有的要求大额贷款的农户参加人身保险，主要是为防止农户出现意外伤害、死亡等情况，从而降低贷款的风险。还有的需要贷款的农户找一个有固定收入的人（公务员或事业单位人员）充当担保人，并且担保人夫妻双方均得知晓（结婚证、照相）。如果寻不到有效担保人，农户就难以获得贷款，这毋庸置疑是向单位体制回归的一种表现。

4 农村金融信贷效率低下

我国政府历来重视农村金融信贷效率改革和建设。从纵向维度看，中国农村金融配置效率整体上呈现出逐渐提高的趋势，而且是典型的帕累托改进效率，即农村金融机构和农户的信贷效率都不同程度地实现了同步提高。从横向维度看，在整个金融体系中存在严重的效率失衡问题。主要表现为四个方面：第一，农村金融信贷效率远远低于城市金融信贷效率；第二，农村金融地区之间的效率差异显著；第三，在农村金融体系内部存在着显著的效率差异；第四，储蓄动员效率高于资本转化效率。

从农村金融资源配置效率上看，存在着行业和产业失衡问题，表现为农村金融资源在农业发展以及农村建设上配置效率低下，但在非农行业或城镇区域配置效率较高。这也是促进农村金融脱农化现象发生，造成农业及农村系统性负投资问题的关键所在。从农村金融适应性效率上看，尽管不断改革和完善农村金融制度体系，但目前的农村金融安排与农村信贷结构和经济社会结构尚存在着互斥效应，农村金融真正融入到农村中去并在农村可持续发展下去尚属于农村金融改革的未来目标。从农村金融经济效率上看，不可否认，农村金融在促进农村发展、加快农业现代化、增加农民收入、促进农村社会福利增加等方面发挥了作用。虽然农村金融资源配置在数量和规模上具有绝对优势,但在金融资源配置的质量和效率上表现平平,特别是农村金融资本较低的边际效用拉低了农村金融的经济效率。这使得金融机构的农村贷款投入在长期与农民收入、农村投资之间不存在均衡关系,在短期也未能有效地促进农村投资的增加和农民收入的增长。

5 农村金融外部环境亟待改善

受农村经济、社会环境和条件的制约,农村金融生态环境体系尚不完善且有进一步恶化的趋势,并呈现出信贷市场脆弱性和不稳定性等系统性失衡的风险,从而破坏了信贷资本在农村的流动、配置的生态链条,进一步影响了信贷支农的力度、范围和效果。

5.1 体制机制失衡抑制农村金融市场的发育

从农村金融体制改革的路径看,偏重于农村正规金融机构,忽视非正式金融机构。从改革次序上看,农村正规金融优先于非正式金融;从改革机制上看,农村金融系统改革缺乏协调推进机制,农户信贷偏好及农村金融环境特征等需求因素被忽视,农村金融政策失灵与市场失灵的格局并存。长期以来,政府指令型金融机构占据着农村金融市场主体地位,垄断经营造成了农村金融市场惜贷和信贷配给现象的发生,农村金融制度化供给使得正规金融机构具有脱农化、非农化的信贷偏好,进而偏离了满足农户信贷需求的政治目标,政策失灵直接导致农村金融的低效率和信贷结构失衡。金融监管部门对非正规金融机构的高压态势抑制了农村金融的有效供给,市场配置资源作用失灵,限制了农村金融市场的发育,致使农村金融市场缺乏创新性,金融业务服务与产品开发不足,导致农村金融服务与农村经济发展之间的矛盾凸显。从正规金融机构对农户的服务能力以及信贷覆盖情况看,贫困农户依旧处于信贷排斥的范围内,非正规金融机构的市场地位尚不能被代替,中国农村金融市场正处于并将长期处于二元结构阶段。

5.2 行政力量不当干预破坏农村金融市场秩序

农村信用社等政策性金融机构在管理体制方面具有准行政性质,承担着国家政策性和地方行政性等金融支持义务。这为基层政府和乡镇干部对政策性金融机构信贷资金的干预提供了制度上的合理性。而在官办金融和商业金融之间游走的特点使得市场中形成的风险由国家买单成为一条潜规则。基于这样的理性预期,在业已形成的信贷寻租等路径惯性的指引下,一方面,

基层政府出于政绩的目标需求，盲目增加涉农企业线上项目。在基层政府的干预和担保下，政策性金融机构不能确定涉农企业的风险类型、还款能力、还款意愿而导致的逆向选择和道德风险现象发生；另一方面，乡镇干部、信贷员等利益相关者以权谋私、营私舞弊、违规违纪确立信贷关系，干扰了正常的农村金融市场秩序，致使信贷审核、监督等机制流于形式，导致大量金融资产流失。长期以来形成的呆账、坏账、挂账等经营风险已经成为农村信用社等政策性金融机构沉重的历史包袱，截至2010年末，中央财政共消化农村信用社历年亏损挂账788亿元。

5.3 农业弱质性增加潜在系统性风险

农业的弱质性使得农户面临着自然风险和市场风险的双重影响。首先，中国农业生产和再生产具有生产单位分散、比较收益低、农产品供给弹性大、需求弹性小等天然弱质性特点。而农作物生长周期较长，供给结构调整滞后于市场需求等因素使得国内市场上“丰产不丰收”“谷贱伤农”等有损农户收益现象发生。同时，加入WTO后，发达国家出于对本国农业保护而实行高农业补贴政策，使国际农产品以低廉的价格进入中国市场，冲击了国内农产品市场并降低了农户的收益。国内和国际两个农产品市场增加了农民收入的不稳定性，提高了农民的市场风险。其次，中国是一个自然灾害频发的国家，而农业生产基础薄弱，对自然的高依赖，受自然力支配明显，抵御自然灾害能力低下等特点又使得农民面临着较为严重的自然风险。自然风险和市场风险通过农户传导到农村金融市场，进而诱发农村金融的系统性风险。在系统性风险的冲击下，自2006年以来成立的农村合作银行和农村商业银行等新型农村金融机构发生流动性风险的概率增加。

5.4 农村金融产品受到严格管制

由于金融市场具有一定的负外部性，我国对金融市场采取相当严格的全面管制措施。具体表现在，对金融产品的控制是对金融产品的种类、规模、价格和交易必须报送监管部门甚至总部批准。报批的链条长和交易成本过高，无疑会阻碍需求尾随型金融产品的创新与发展。这也是我国金融需求尾随型产品发展严重滞后，以及我国农村金融体系产品单一的原因所在，由此导致农村金融体系在开发设计反映农村居民收入波动特点的金融产品时动力不足。尤其是对金融产品价格的过度约束，使得金融体系产品定价涵盖风险有限，金融产品价格不能弥补金融机构的融资成本，将可能迫使正规金融退出农村地区。

第四节　农村金融服务产品的类型

1　农户小额贷款

作为一种成功的扶贫手段，小额信贷起源于20世纪70年代的孟加拉国，发起人是穆罕默德·尤努斯。在试验的基础上，1983年尤努斯创立了孟加拉乡村银行——格莱珉银行，通过小组联保等运作模式，为无担保的最贫困的人提供小额贷款，以高的回收率，取得了奇迹般的巨大成功。其后小额信贷在全球的许多国家开始普及与发展，成为解决贫困问题的一种有效手段。

在我国，20世纪80年代初，小额信贷作为国际援助机构扶贫项目的一个组成部分和一种特殊的资金配置方式，开始在国内较小的范围进行试验。从1993年起，一些非政府组织开始引进格莱珉银行模式，举办了一批小额信贷项目，并建立了一些专门从事小额信贷的机构。1997年以后，我国政府开始将小额信贷方法用于扶贫工作，小额信贷作为一项重要的扶贫到户措施，被迅速推广到全国大多数贫困地区。2002年始，中国人民银行在全国范围内开始普遍推行农户小额信用贷款。2010年，人民银行联合银监会、证监会、保监会在全国范围内开展加快推进农村金融产品和服务方式创新试点，极大地推动了我国小额信贷业务正规化、制度化的发展。

据人民银行统计，2012年末，全国主要涉农金融机构有3274家，其中：农村信用社（含农村商业银行、农村合作银行，下同）2411家，村镇银行800家，贷款公司14家，农村资金互助社49家，另还有大量村镇银行正在组建中；它们共有营业性网点75896个，其中：农村信用社74407个，村镇银行1426个，贷款公司14个，农村资金互助社49个。此外，还有只贷不存的小额贷款公司6080家，公益性的非政府小额信贷机构300多家。

2013年7月19日之前，我国的农户小额信贷实行的是有限制的浮动贷款利率，即人民银行决定存贷款基准利率，不同类型的小额信贷机构可在政策允许的浮动范围内自主确定利率，并且逐步放松贷款利率管制。自2013

年7月20日起，我国已经全面放开金融机构贷款利率管制。

2 农村承包土地经营权和农民住房财产权抵押贷款

2015年8月24日国务院发布《国务院关于开展农村承包土地的经营权和农民住房财产权抵押贷款试点的指导意见》，《意见》中明确了农村承包土地（指耕地）的经营权和农民住房财产权（以下统称“两权”）抵押贷款的四个基本原则。

一是依法有序。“两权”抵押贷款试点要坚持于法有据，遵守土地管理法、城市房地产管理法等有关法律法规和政策要求，涉及被突破的相关法律条款，应提请全国人大常委会授权在试点地区暂停执行。

二是自主自愿。切实尊重农民意愿，“两权”抵押贷款由农户等农业经营主体自愿申请，确保农民群众成为真正的知情者、参与者和受益者。流转土地的经营权抵押需经承包农户同意，抵押仅限于流转期内的收益。金融机构要在财务可持续基础上，按照有关规定自主开展“两权”抵押贷款业务。

三是稳妥推进。在维护农民合法权益前提下，妥善处理好农民、农村集体经济组织、金融机构、政府之间的关系，慎重稳妥推进农村承包土地的经营权抵押贷款试点和农民住房财产权抵押、担保、转让试点工作。

四是风险可控。坚守土地公有制性质不改变、耕地红线不突破、农民利益不受损的底线。完善试点地区确权登记颁证、流转平台搭建、风险补偿和抵押物处置机制等配套政策，防范、控制和化解风险，确保试点工作顺利平稳实施。

2016年3月15日，中国人民银行分别发布了《农村承包土地经营权抵押贷款试点暂行办法》和《农民住房财产权抵押贷款试点暂行办法》。

2.1 农村承包土地经营权抵押贷款

《农村承包土地经营权抵押贷款试点暂行办法》由中国人民银行、银监会、保监会、财政部以及农业部印发。

该《办法》首先明确了农村承包土地的经营权抵押贷款的定义，即指以承包土地的经营权作抵押、由银行业金融机构（贷款人）向符合条件的承包方农户或农业经营主体发放的、在约定期限内还本付息的贷款。

《办法》鼓励贷款人对诚实守信、有政府贴息或农业保险等增信手段支持的借款人适当提高贷款抵押率，同时鼓励贷款人针对借款人需求积极创新信贷产品和服务方式，简化贷款手续。因借款人不履行到期债务，或者按借贷双方约定的情形需要依法行使抵押权的，贷款人可依法采取贷款重组、按序清偿、协议转让、交易平台挂牌再流转等多种方式处置抵押物，抵押物处置收益由贷款人优先受偿。

农村承包土地经营权抵押贷款试点范围包括了全国30个省市自治区232个县一级行政区域，其中湖南省的试点县有8个，分别为汉寿县、岳阳县、新田县、桃江县、洞口县、沅陵县、慈利县以及双峰县。

农村信用社以及中国农业银行作为农村地区金融市场的主要市场主体已经根据央行发布的办法制订了各自的农村土地承包经营权抵押贷款管理办法，本书将在农村金融服务产品实务部分以《中国农业银行农村土地承包经营权抵押贷款管理办法（试行）》为例进一步了解相关贷款的办理。

2.2 农民住房财产权抵押贷款

《农民住房财产权抵押贷款试点暂行办法》由中国人民银行、中国银监会、中国保监会、财政部、国土资源部、住房和城乡建设部共同印发。

该《办法》首先明确了农民住房财产权抵押贷款的定义，即指在不改变宅基地所有权性质的前提下，以农民住房所有权及所占宅基地使用权作为抵押、由银行业金融机构（贷款人）向符合条件的农民住房所有人（借款人）发放的、在约定期限内还本付息的贷款。

《办法》第十二条规定，因借款人不履行到期债务，或者按借贷双方约定的情形需要依法行使抵押权的，贷款人应当结合试点地区实际情况，配合试点地区政府在保障农民基本居住权的前提下，通过贷款重组、按序清偿、房产变卖或拍卖等多种方式处置抵押物，抵押物处置收益应由贷款人优先受偿。变卖或拍卖抵押的农民住房，受让人范围原则上应限制在相关法律法规和国务院规定的范围内。

《办法》鼓励试点地区政府设立农民住房财产权抵押贷款风险补偿基金，用于分担自然灾害等不可抗力造成的贷款损失和保障抵押物处置期间农民基本居住权益，或根据地方财力对农民住房财产权抵押贷款给予适当贴息，增强贷款人放贷激励。《办法》同时鼓励试点地区通过政府性担保公司提供担保的方式，为农民住房财产权抵押贷款主体融资增信。

农民住房财产权抵押贷款试点范围包括了全国28个省市自治区59个县一级行政区域，其中湖南省的试点县有3个，分别为浏阳市、耒阳市以及麻阳县。

3 农村互联网金融服务

随着互联网的发展与普及，互联网金融在农村金融市场中的应用正逐渐成为热点。目前我国互联网农村金融市场中活跃着一批以蚂蚁金服为代表的大型企业。

蚂蚁金服的农村金融项目与农村淘宝项目一同布局，于2014年10月开出第一个村点。2015年11月9日，蚂蚁金服旗下的网商银行对外宣布，面向农村农户的互联网小额贷款产品旺农贷已经正式上线，为农村里的种养殖者、小微经营者提供无抵押、纯信用的小额贷款服务，初期服务范围覆盖17个省份。旺农贷针对不同的农村经营场景提供最高50万元的贷款，无需抵押物，也无需担保，贷款期限分6个月、12个月和24个月，还款方式包括按月付息、到期还本和等额本金还款两种选择。有贷款需求的农户，可以在当地农村淘宝服务网点工作人员的帮助下，进入旺农贷无线端进行申贷，申贷时提供身份信息以及相应的土地、房屋或者门店的资产证明。网商银行在审核通过后将实时放款。截至2016年6月，旺农贷在湖南全省提供放款资金扶持超过70亿元。

2016年6月20日，蚂蚁金服和中和农信在国家级贫困县湖南平江县宣布了战略合作。两家机构将联手把普惠金融服务扩展至中国农村，尤其是贫困地区，计划3年内将“互联网＋精准扶贫”的模式推广到全国300多个国家级和省级贫困县。

截至2016年8月，蚂蚁金服的旺农贷项目已经覆盖了全国21个省84个县近1100个村点。蚂蚁金服旗下的网商银行和蚂蚁小贷已累计为超过2000万的三农用户提供各类信贷服务，业务覆盖全国95%以上的县域，其中在国家级贫困县覆盖约300万三农用户。

蚂蚁金服在农村金融领域有三种模式：农业供应链金融解决方案、“线上+线下熟人”的信贷解决方案、数据化平台信贷解决方案。农业供应链金融解决方案指蚂蚁金服通过与农业生产龙头企业的合作为农户提供“订单式农业+农业保险”的旺农贷服务；“线上+线下熟人”的信贷解决方案指蚂蚁金服通过中和农信等合作伙伴、阿里巴巴农村淘宝等载体推行“线上+线下熟人”的贷款方式，在贫困县、县域及以下地区拓展对农户的放款渠道；数据化平台信贷解决方案指类似于旺农贷这类产品的大数据放贷方式。

目前蚂蚁金服具有数据沉淀的三农用户数量较少，正在大力提升三农用户金融服务的数据化程度。

第三章
农业贷款的流程

第一节 农户贷款介绍

1 贷款概况

贷款是指金融机构依法把货币资金按一定的利率贷放给客户，并约定期限，由客户偿还本息的一种信用活动。

在银行或者信用社中，将借入钱的一方，即农户，称为借款人；将借出钱的一方，即银行或信用社，称为贷款人。这是规范的称呼，与人们日常借贷中的称呼不太一样，在进行贷款前需要注意了解。

1.1 贷款用途

农户贷款对于贷款用途有明确规定，具体包括：

一、种植业、养殖业等农业生产费用贷款，为购买肥料、农药、种苗、种子、饲料等贷款。

二、为农业生产服务的个体私营经营贷款。

三、农机具贷款，为购买耕具、抽水机、脱粒机及其他小型农用机械等贷款。

四、小型农田水利基本建设贷款。

此外，针对农家子弟考入高等学校，国家还发放助学贷款，以帮助农家子弟完成学业。

1.2 贷款成本

农户贷款的贷款成本由贷款利息、担保公司收取费用以及其他费用构成。各机构贷款利率的水平不尽相同，银行业金融机构收取的利息都是在中国人民银行公布的基准利率基础上不浮动或上浮一定比例；小额贷款公司执行的利率要比金融机构稍高；民间借贷的利率是不确定的，一般比较高。

在办理贷款过程中，如果需要担保公司提供担保，担保公司也需要收取一定的费用。同时，办理贷款手续，还可能产生误工费用、协商费用等，这些都是要算在贷款成本中的。

降低贷款成本有以下几个途径：

一、选择收费较低的金融机构；二、减少不必要的费用；三、选择适合的金融服务机构；四、根据贷款的用途和使用期限，合理选择贷款种类。

1.3 贷款技巧

1.3.1 多方比对，谨慎选择

自2013年7月20日起，我国已经全面放开金融机构贷款利率管制。当前银行竞争十分激烈，各自为了争取到更多的市场份额，都会制定各自不同的贷款利率以吸引借款人。因此资金需求者在贷款时可以货比三家，选择低利率银行去贷款。

1.3.2 合理计划，选准期限

对于资金需求者，需要用款的时间有长有短。因此，为避免多掏利息，在银行贷款时就应合理计划用款期限。同样是贷款，选择贷款期限越长，利率就会越高。这意味着即使是相同额度的贷款，选择贷款期限越长，同一天还贷款利息也会不同。大部分金融机构的短期贷款利率分为半年和一年两个档次，并规定贷款期限半年以内的执行半年期档次利率，超过半年不足一年的就要执行一年期档次利率。如果资金需求者贷款期限为7个月，虽然只超过半年期时间点1个月，但按照现行贷款计息规定，只能执行一年期贷款利率，这样无形中就增加了资金需求者的贷款利息负担。

1.3.3 分析价差，合理选择

目前，银行部门在贷款的经营方式上，主要有信用、担保、抵押和质押等几种形式。与此对应，银行在执行贷款利率时，对贷款利率的上浮也会有所不同。申请期限一样长、数额又相同的贷款，贷款形式不同，贷款利息支出也大不相同。因此，资金需求者在向银行贷款时，关注和分析不同贷款方式下的利率价差非常重要。比如，现在银行执行利率最低的贷款有票据贴现和质押贷款，如果条件允许，通过这两种形式进行贷款是最优选择。

1.3.4 慎重签订贷款协议

很多资金需求者在银行贷款签订协议时显得非常随意，往往会在贷款时多掏利息，造成人为的“高息”。例如，留置存款余额贷款和预扣利息贷款。所谓留置存款余额贷款，即资金需求者向银行取得贷款时，银行要求其从贷款本金中留置一部分存入该银行账户，以确保资金需求者在贷款本息到期时能如期偿还。但就资金需求者而言，贷款本金被部分截留即等同于利息增加。所谓预扣利息贷款，即部分银行为确保贷款利息能够按时归还，在贷款发放时从贷款人所贷款的本金中预扣掉全部贷款利息。由于这种方式会让资金需求者可用的贷款资金减少，客观上加大了资金需求者的贷款成本。

1.3.5 选择合适的还款方式

还款方式需要把自己的收入与还款匹配起来，即收入多的时候多还，收入少的时候少还，这样负担就比较均衡。

现代金融机构业务不断创新，贷款还款方式也多种多样，如阶段性还款法、“随心还”还款法等。针对这样的新发展，只要掌握了基本的还款方式和计息公式，就不难判断各种创新还款方式是否与自身还款能力相匹配。

1.4 注意信用等级

要成功申请贷款，农户就要注意提升自己家庭的信用等级。首先要明确的是，家庭财富积累得多并不一定意味着高信用等级。要获得更高的信用等级，应注意做好以下几点：

（1）认真填送农户信用档案表，如实反映相关情况；

（2）及时归还金融机构贷款，确有困难不能按时归还的，要向金融机构办理展期；

（3）培养家庭成员良好的生活习惯，不参与赌博等违法乱纪行为；

（4）学习生产技能，提高家庭收入；

（5）提高家庭成员身体素质；

（6）在村里（社区）树立良好口碑。

1.5 贷款注意事项

对于贷款，要重信用、守合同。贷款逾期不仅给农户信用“抹黑”，而且会大大加重利息负担。

逾期贷款（借款人未按合同约定日期还款的借款）的罚息利率，在借款合同载明的贷款利率水平上加收30%~50%；借款人未按合同约定用途使用借款的罚息利率，在借款合同载明的贷款利率水平上加收50%~100%。

对逾期或未按合同约定用途使用借款的贷款，从逾期或未按合同约定用途使用贷款之日起，按罚息利率计收利息，直至清偿本息为止。对不能按时支付的利息，按罚息利率计收复利。

一旦产生大量欠款不还的记录，将呈现在银行系统的征信记录中，不仅会给农户的生活、生产带来影响，甚至会给子女带来影响。所以，及时、足额归还贷款对于农户而言十分重要。

2 贷款的担保形式

贷款普遍需要申请人提供担保，以使在借款人发生偿付困难的时候，缓解贷款人所面临的风险。贷款担保主要包括抵押、质押、保证等形式。只有信用贷款不用担保，信用在涉农贷款中应用得较多。

2.1 抵押贷款

抵押贷款是指贷款人按《中华人民共和国担保法》(以下简称《担保法》)规定的抵押方式，以借款人或第三人的财产作为抵押物发放的贷款。

按有关规定，可作为抵押物的有：①抵押人有权自主支配的房产和其他土地定着物；②抵押人依法取得的国有土地使用权；③贷款人认可的其他财产。

贷款人与抵押人签订抵押合同后，双方必须依照有关法律规定办理抵押物登记。抵押合同自抵押物登记之日起生效，到借款人还清全部贷款本息时终止。

在实际办理抵押贷款过程中，金融机构一般会要求房屋所有权证与国有土地使用权证同时具备。例如，村民老张准备用自己价值 80000 元的房屋（有房屋产权证但无土地使用权证），到某家农村信用社申请办理抵押贷款，申请金额 5000 元，期限 1 年，他能获得贷款吗? 答案：不能。原因是只有房屋产权证但无土地使用权证不符合金融机构“房屋所有权证与国有土地使用权证同时具备”的要求。

2.2 质押贷款

质押贷款是指贷款人按《担保法》规定的质押方式，以借款人或第三人的动产或权利为质押物发放的贷款。可作为质押的质物包括国库券（国家有特殊规定的除外）、国家重点建设债券、金融债券、AAA 级企业债券、储蓄存单等有价证券。

出质人应将权利凭证交与贷款人；质押合同自权利凭证交付之日起生效；以个人储蓄存单出质的，应提供开户行的鉴定证明及停止支付证明。

办理质押贷款的步骤如下：

（1）明确是否符合银行申请条件。

（2）提供申请质押贷款所需的资料：第一，书面申请表；第二，申请人本人的有效身份证件，以第三人质物作质押的，还需提供第三人有效身份证件；第三，有效质物证明，以第三人质物作质押的，还需提供受理人、借款申请人和第三人签署同意质押的书面证明；第四，银行规定的其他资料。

（3）签订质押借款合同，约定贷款额、期限、利率、还款方式等。例如，村民老李用自己价值 50000 元的定期储蓄存单作质押，准备到农村信用社申请贷款，金额 30000 元，期限 1 年，他能获得贷款吗？这是可以的。储蓄存单是很好的质押物，用它作为质押，能很容易地取得贷款。

2.3 抵押担保与质押担保的区别

通俗地说，抵押担保中，抵押物在贷款后，仍由借款人持有并使用；质押担保中，质押物在贷款后，需交由贷款人持有。具体为：

（1）抵押的标的物通常为不动产、特别动产（车、船等），质押的标的物则以动产为主；

（2）抵押要登记才生效，质押则只需占有就生效；

（3）抵押标的物只有单纯的担保效力，而质押中，质权人既占有质物，又能体现留置效力；

（4）抵押权的实现主要通过向法院申请拍卖，而质押则多直接变卖。

2.4 保证贷款

保证贷款指贷款人按《担保法》规定的保证方式，以第三人承诺在借款人不能偿还贷款本息时，按规定承担连带责任为条件而发放的贷款。保证人为借款提供的贷款担保，为不可撤销的全额连带责任保证，也就是必须担保贷款合同内规定的贷款本息和由贷款合同引起的相关费用。

保证贷款的特点是：手续简便，一般不需要办理有关登记评估等手续；保证人可选择一个或多个；保证人愿意长期（1 年及以上）作保的，可不再办理相关的单笔保证手续。例如，张某准备到中国邮政储蓄银行申请一笔贷款，期限 1 年，但张某无其他抵押品作抵押，就请求在乡政府工作的哥哥作担保，其兄以自己的工资收入作担保。他能顺利获得贷款。因为中国邮政储蓄银行规定，农户只需一位或两位（人数依据贷款金额而定）有固定职业和稳定收入的人作其贷款担保人就可以向其申请贷款，这里“有固定职业和稳定收入的人”通常是政府公务员和学校正式编制的教师。

3　小额信用贷款

相对于抵押贷款和质押贷款，小额信用贷款不需要担保，如果贷款人能事先比较准确地判断借款人的风险状况，区分出信用水平较高的借款人，并且在贷款后能够较好地激励（或迫使）借款人偿还债务，那么贷款人就可

能放松对借款人的担保要求,转而发放完全基于借款人信用保障的信用贷款。从实际情况看，这种无须担保的信用贷款往往额度较小，所以普遍采用“小额信用贷款”的说法。

1999 年，在中国人民银行支持下，我国各地的农村信用社开始发放小额信用贷款，并于 2000 年开始发放联保贷款。为了更好地为农民服务，小额信用贷款和农民联保贷款在吸取国际经验的基础上，结合我国农村社会和经济特征，进行了有益的创新。

3.1 小额信用贷款概况

农户小额信用贷款主要是由农村金融机构开办的、主要基于农户信用水平、在核定的期限内向农户发放的、不需要担保的贷款。农户小额信用贷款规定了特殊的“一户一份贷款证”管理模式，即一次核定、随用随贷、余额控制、周转使用。后来又发展出“农户贷款证——信用村（镇）建设”的特殊风险管理制度。

小额信用贷款适用于主要从事农村土地耕作或者其他与农村经济发展有关的生产经营活动的农民、个体经营户等。其主要做法是：依靠乡村干部协助，对辖内所有农村（及社区）居民建不分户经济档案，制定评级标准，评定信用等级并张榜公布，依据信用等级分别授予 1 万至 10 万元的信用贷款额度，并发给信用证，农户凭信用证、身份证和印鉴，随时在农村金融机构取得授信额度内的贷款。

有些地方的农村金融机构规定，农户信用水平的评定办法是：将农户资信分为优秀、较好、一般三个信用等级，不同等级有不同标准。

“优秀”等级：3 年内在农村金融机构贷款并按时偿还本息，无不良记录；家庭年人均纯收入在 2000 元以上；自有资金占生产所需资金的 50% 以上。

“较好”等级：有稳定可靠的收入来源，基本不欠贷款，家庭年人均纯收入在 1000 元以上。

“一般”等级：家庭有基本劳动力，家庭年人均纯收入在 500 元以上。

当然，不同地区有不同的评定标准和评定方法。

一般来说，农户小额信用贷款的额度依据农户信用等级来核定；贷款期限则根据生产经营活动的周期确定，原则上不超过 1 年；因特大自然灾害等不可抗力而造成绝收的，可延期或展期归还。农户小额信用贷款的结息方式与一般贷款相同。

3.2 农户联保贷款

与小额信用贷款不同，农户联保贷款首先要求由彼此没有直系亲属关系的5~10户农户，自愿组成联保小组，然后，农村金融机构在联保小组成员承诺彼此承担联保（连带偿付）责任的基础上面向小组成员发放贷款。联保小组实际上是以小组成员之间的互相监督和互相担保承诺来作为防止信贷风险的手段。农户联保贷款采用“多户联保，按期存款，分期还款”的风险管理技术，并规定单次贷款额度原则上不超过当地农户的年平均收入，期限不超过1年。

信贷员受理内容包括调查借款人的还款能力，审查借款资格、用途、借款资料，协商贷款额度、期限、还款方式或还款计划等。对于超过信贷员和基层农村金融机构权限的贷款项目，要逐级上报审批；已经给予授信评级的，可凭贷款证、身份证和印鉴，随时在授信机构取得的授信额度内贷款。借款人应提供的贷款资料包括书面申请、借款人身份证、户籍证明或家庭成员关系证明、大额贷款抵押或担保手续等。

3.3 农户保证贷款

农户保证贷款指农户只需有一位或两位（人数依据其贷款金额而定）有固定职业和稳定收入的人做其贷款担保人，就可以申请贷款。目前，农户保证贷款主要是中国邮政储蓄银行开办，每个农户的最高贷款额暂为5万元。在有的地方，农户小额贷款最快一周就可以拿到。

保证贷款中，贷款人按《担保法》规定的保证方式，以第三人承诺在借款人不能偿还贷款本息时，按规定承担连带责任为条件而发放贷款。保证人为借款人提供的贷款担保，为不可撤销的全额连带责任保证，也就是必须担保贷款合同内规定的贷款本息和由贷款合同引起的相关费用。

保证贷款的特点是：手续简便，一般不需要办理有关登记评估等手续；保证人可选择一个或多个；保证人愿意长期（1年及以上）作保的，可不再办理相关的单笔保证手续。

3.4 农村青年创业小额贷款

农村青年创业小额贷款也属于农村小额信贷的一种类型。2009年5月，共青团中央、中国农业银行签署《支持农村青年创业就业合作协议》，按照“试点先行、分步推进”的原则，从8月份开始在全国10个省（区、市）的55个县（市、区）开展农村青年创业小额贷款试点，探索形成适合农村青年创业小额信贷的工作流程和工作模式。试点工作取得成效后，为进一步扩

大农村青年创业小额贷款工作覆盖面、加大对农村青年创业就业的扶持力度，共青团中央、中国农业银行决定按照《支持农村青年创业就业合作协议》，在全国开展农村青年创业小额贷款工作。

湖南省农村青年创业小额贷款项目由共青团湖南省委员会联合湖南银监局共同推进。在《关于实施湖南农村青年创业小额贷款的指导意见》中，共青团湖南省委与湖南银监局明确了湖南农村青年创业小额贷款在授信额度内采取“一次授信、随用随贷、循环使用”的方式发放贷款，同时大胆创新农村青年创业小额贷款的担保方式。并要求各级团委结合当地实际和工作沿革，从涉农银行金融机构中选择适合的合作单位，根据指导意见精神，制定具体实施办法，大力推进农村青年创业小额贷款工作。

各地一般对农村青年创业小额贷款实行贷款利率优惠政策。农村青年创业小额贷款常见的还款方式有“按月（季）结息、到期还本付息”“利随本清”“等额本息”和“等额本金”等方式。

3.5 助学贷款

3.5.1 国家助学贷款

为了解决贫困学子上不起学的问题，我国于1991年开始实施国家助学贷款政策。

国家助学贷款是指由国有独资商业银行以信用形式向全日制普通高等学校中经济困难的本专科学生（含高职生，下同）、研究生和第二学士学位学生发放的由财政部门在贷款期内贴息50%的人民币贷款。国家助学贷款实行一次审批、一次授信、分期发放的管理方式，用以帮助经济困难学生支付在校期间的学费、住宿费、生活费。

湖南省申请贷款的学校可在国有独资商业银行湖南省分行确定经办国家助学贷款的分支机构中自主选定一家作为国家助学贷款的经办银行。

贷款人为国有独资商业银行的有关基层经办银行。借款人指由湖南省教育厅确定可开展国家助学贷款全日制普通高等学校的在校全日制本专科学生、研究生和第二学士学位学生。

各高等学校经济困难学生申请贷款比例原则上不超过全日制在校学生总数的20%，每人每学年贷款数额不超过6000元，各高等学校贷款额度经湖南省学生贷款管理中心（贷款管理中心）审核后，由贷款管理中心下发到各普通高校执行，同时抄送中国人民银行长沙中心支行及贷款经办银行的省分行。国家助学贷款期限最长不超过借款人毕业后4年。国家助学贷款利率按中国人民银行规定的同期限贷款利率执行，不上浮。贷款人对借款人在校期间欠交的国家助学贷款利息不计复利。

借贷双方应在签订借款合同时约定还款方式和还款时间。借款人可以在学习期间偿还国家助学贷款本金和利息，也可以在毕业后第一年开始偿还国家助学贷款本金和利息，具体还款方式和时间由借款人根据个人经济情况与贷款人协商确定。借款人确因经济困难而无法在贷款合同期内全部偿还国家助学贷款本金时，可向贷款人申请贷款展期，经贷款人同意后可按规定展期。

3.5.2 湖南省生源地信用助学贷款

生源地信用助学贷款是指国家开发银行等金融机构向符合条件的家庭经济困难的普通高校新生和在校生（学生）发放的、在学生入学前户籍所在县（市、区）办理的信用助学贷款。国家开发银行湖南省分行为湖南省生源地信用助学贷款主承办行。

生源地信用助学贷款申请人必须是已被根据国家有关规定批准设立、实施高等学历教育的全日制普通本科高校、高等职业学校和高等专科学校（含民办高校和独立学院，学校名单以教育部公布的为准）正式录取，取得真实、合法、有效的录取通知书的新生或高校在读的本专科学生、研究生和第二学士学位学生。每个借款人每年申请的贷款原则上最高不超过 6000 元，主要用于解决学生在校期间的学费和住宿费问题。高校在读学生当年在高校获得了国家助学贷款的，不得同时申请生源地信用助学贷款。生源地信用助学贷款期限原则上按全日制本专科学制加 10 年确定，最长不超过 14 年，其中，在校生按剩余学习年限加 10 年确定。学制超过 4 年或继续攻读研究生学位、第二学士学位的，相应缩短学生毕业后的还贷期限。生源地信用助学贷款利息按年计收。学生在校期间的利息由财政全额贴息，毕业后的利息由学生和家长（或其他法定监护人）共同负担。学生在校及毕业后两年期间为宽限期，宽限期后由学生和家长（或其他法定监护人）按借款合同约定，按年度分期偿还贷款本息。

4 贷款利息

4.1 利息

贷款与存款是相反的两个过程。农户向银行贷款，可以看作是银行在农户处“存钱”：把钱存在银行，存一天就有一天的利息，存的钱越多，得

到的利息就越多。同样，对于贷款来说，银行的贷款多用一天，就要多付一天的利息，贷款的金额越大，支付给银行的利息也就越多。

贷款利息的计算公式是：利息 = 贷款金额 × 利率 × 占用时间

4.2 利率

在日常生活的借贷中，有的是村民之间的帮忙，这是不要利息的。有的需要利息，这就需要约定利率，一般称为“一分利”“二分利”。向银行和信用社贷款，肯定是要支付利息的，但利率不同于民间的说法，金融机构的利率一般是年利率，其次是月利率。贷款利率又称为贷款利息率，表示一定时期内，利息量与本金的比率，通常用百分比表示，按年计算的称为年利率。

利率的计算公式是：利率 = 利息额 ÷ 本金 ×100%；年利率与月利率的换算公式是：年利率 = 月利率 ×12

4.3 贷款的期限与还款方式

1 年期以内的贷款称为流动性贷款或短期贷款，1 至 5 年期的贷款称为中长期贷款。

贷款期限和偿还方式在贷款时由双方商定。

归还贷款的方式有多种，主要有一次还本付息、分期结息、提前归还、循环还款、等额本息还款、等额本金还款等方式。

4.3.1 一次还本付息

一次还本付息指到期一次性归还贷款本金和利息，是指借款人在贷款期内不是按月偿还本息，而是贷款到期后一次性归还本金和利息。一次还本付息这种方式一般适合短期贷款，是最普遍的还款方式。

一次还本付息法的计算公式如下：

贷款期为 1 年的：到期一次还本付息额 = 贷款本金 ×[1+ 年利率（%）]

贷款期不到 1 年的：到期一次还本付息额 = 贷款本金 ×[1+ 月利率（‰）× 贷款期（月）]

4.3.2 分期结息

分期结息是指对贷款按季归还利息和按月归还利息。按季结息的，每季度末的 20 日为结息日，也就是 3 月、6 月、9 月、12 月的 20 日为结息日，在这一天借款人需就此笔贷款向银行结付利息；按月结息的，每月的 20 日为结息日。分期结息是银行降低贷款风险的一种方式。

在实际操作过程中，农村信用社除农户小额信用贷款采取了利随本清

结息方式外，绝大部分贷款实行了按季或按月结息方式。

有的银行、信用社规定，对5万元以上的贷款实行按月结息，对其他类贷款实行按季结息；有的乡镇的农村信用社规定，对农户小额信用贷款实行利随本清，对其他类贷款实行按季结息。

按季结息和按月结息每次只结利息不需还本,贷款到期再归还全部本金。具体结息方式由借贷双方协商确定。

4.3.3 提前归还

提前归还是指借款人提前归还贷款本金和利息，农户提前归还贷款能降低利息支出，但这需要向银行和信用社申请，这和我们日常生活中提前归还借款是不一样的。

如果有一种新的获利模式可以超过银行的贷款利息，那么就应该用这类投资方式获得的利润去还贷款，多出的部分就是盈利。当然，不提前还款必须具备的前提是能挣到比利息更多的钱。当然，需要注意的是，很多银行对贷款用途有着明确的限定，在用贷款进行投资之前一定要弄清楚投资是否属于贷款限定的用途之中。

4.3.4 循环还款

循环还款是指在核定的最高额度和期限内，借款人随借随还、自助放款还款，主要用于满足农户临时性、短期周转资金需要。可循环贷款额度期限不得超过3年,额度内的单笔贷款期限一般不超过1年,最长不超过2年,且到期日不得超过额度有效期后6个月。额度内的单笔贷款期限超过1年时,只有在收回该笔贷款本金的50%后，收回的贷款本金才能在核定的有效期限内再次循环使用。

在授信额度和期限内，随借随还，按使用金额和天数计算利息，这最大限度地减少了借款人的利息支出。

4.3.5 等额本息还款

等额本息还款，即借款人每月按相等的金额偿还贷款本息，其中每月贷款利息按月初剩余贷款本金计算并逐月结清。由于每月的还款额相等，因此，在贷款初期每月的还款中，剔除按月结清的利息后，所还的贷款本金就较少；而在贷款后期因贷款本金不断减少，每月的还款额中贷款利息也不断减少，每月所还的贷款本金就较多。

在这种还款方式下，实际占用银行贷款的数量更多、占用的时间更长，同时它还便于借款人合理安排每月开支，对于擅长于“以钱生钱”的人来说，

无疑是很好的选择。

等额本息还款法的计算公式如下：

每月还款额 =［贷款本金 × 月利率 ×（1+ 月利率）^{还款总期数}］÷［（1+ 月利率）^{还款总期数}— 1］

4.3.6 等额本金还款

等额本金还款，又称利随本清、等本不等息还款法。贷款人将本金分摊到每个月内，同时付清上一交易日至本次还款日之间的利息。这种还款方式相对等额本息而言，总的利息支出较低，但是前期支付的本金和利息较多，还款负担逐月递减。

使用等额本金还款，开始时每月负担比等额本息要重。尤其是在贷款总额比较大的情况下，相差可能达数千元。但是，随着时间推移，还款负担逐渐减轻。这种方式很适合目前收入较高，但是预计将来收入会减少的家庭。

等额本金还款法的计算公式如下：

每月应还本金 $=a/n$

每月应还利息 $=a_n * i/30 \times a_n$

其中，a 为贷款本金；i 为贷款月利率；n 为贷款月数；a_n 为第 n 个月贷款剩余本金，$a_1=a$，$a_2=a/\frac{a}{n}$，$a_3=a/2\times\frac{a}{n}$，依此类推；为第 n 个月的实际天数，如平年 2 月就为 28 天，3 月就为 31 天，依此类推。

5 利息计算

5.1 基本知识

5.1.1 计算公式

人民币业务的利率换算公式为（注：存贷通用）：

日利率（万分数）= 年利率（百分数）÷360= 月利率（千分数）÷30

月利率（千分数）= 年利率（百分数）÷12

5.1.2 银行计息方法

银行可采用积数计息法和逐笔计息法计算利息。

（1）积数计息法

积数计息法按实际天数每日累计账户余额，以累计积数乘以日率计算利息。

计息公式为：利息 = 累计计息积数 × 日利率

其中：累计计息积数 = 每日余额合计数。

（2）逐笔计息法

逐笔计息法按预先确定的计息公式“利息 = 本金 × 利率 × 贷款期限”逐笔计算利息，具体有 3 种计算方法。

第一，计息期为整年（月）的，计息公式为：利息 = 本金 × 年（月）数 × 年（月）利率

第二，计息期有整年（月）又有零头天数的，计息公式为：利息 = 本金 × 年（月）数 × 年（月）利率 + 本金 × 零头天数 × 日利率

第三，银行可选择将计息期全部化为实际天数计算利息，即每年为 365 天（闰年 366 天），每月为当月公历实际天数，计息公式为：利息 = 本金 × 实际天数 × 日利率

这 3 个计算公式的实质相同，但由于利率换算中 1 年只作 360 天计算，实际按日利率计算时，1 年将作 365 天计算，得出的结果会稍有偏差。具体采用哪一个公式计算，央行赋予了金融机构自主选择的权利。因此，当事人和金融机构可以对此在合同中约定。

5.1.3 复利

复利即对利息按一定的利率加收利息。按照央行的规定，借款方未按照合同约定的时间偿还利息的，就要加收复利。

5.1.4 罚息

贷款人未按规定期限归还银行贷款，银行按与当事人签订的合同对违约人的处罚利息叫银行罚息。

5.1.5 逾期违约金

贷款逾期违约金的性质与罚息相同，是对合同违约方的惩罚措施。

5.1.6 计息方法的制定与备案

全国性商业银行制定的计息、结息规则和存贷款业务的计息方法，报中国人民银行总行备案并告知客户；区域性商业银行和城市信用社法人报中国人民银行分行、省会（首府）城市中心支行备案并告知客户；农村信用社县联社法人可根据所在县农村信用社的实际情况制定计、结息规则和存贷款业务的计息方法，报中国人民银行分行、省会（首府）城市中心支行备案，并由农村信用社法人告知客户。

5.2 贷款期限内的利息计算

合同期限内的利息计算涉及两个方面，即单利和复利。在一份贷款合

同中，双方当事人除了就本金的偿还方法、偿还时间做出约定，通常还会就利息的偿还方法和时间做出约定。例如，合同中“按季收息，利随本清”的约定。这就要求借款方每过一个借款季度就要还一次利息，这种利息就是单利。如果借款人未能在某一季度按时偿还该季度的利息，那么从利息逾期之日起，就要对这部分逾期的利息加收利息，即复利。依据1999年《人民币利率管理规定》，短期借款的可以按月、按季结息，每月或每季末月20日为结息日；中长期借款按季结息，每季度末月20日为结息日。

5.2.1 单利计算

单利的计算仅在原有本金上计算利息，对本金所产生的利息不再计算利息。计算利息有三个基本要素：本金、利率和期限。利息的多少与这三个要素成正比关系：本金数量越大，利率越高，期限越长，则利息越多；反之，利息就越少。

（1）利率的确定

依照合同约定的利率计算；未约定利率或约定不明或约定的利率违反了法律规定或中国人民银行的有关规定的，依据中国人民银行的有关规定确定利率，通常取央行的基准利率。关于合同期限内贷款利率的调整问题，由借贷双方按商业原则确定，可在合同期间按月、按季、按年调整，也可采用固定利率的确定方式。5年期以上档次贷款利率，由金融机构参照中国人民银行公布的5年期以上贷款利率自主确定。

（2）计算公式

单利的计算公式为：利息＝本金 × 利率 × 贷款期限

5.2.2 复利计算

这里的复利是指合同期限内对逾期利息加收的利息。复利的计算是对本金及其产生的利息一并计算，也就是利上有利。复利计算的特点是：把上期末的本利和作为下一期的本金，在计算时每一期本金的数额是不同的，越往后越高。

（1）利率的确定

按照中国人民银行公布的罚息利率计收复利，1999年有关规定确定的复利利率与合同利率相同，2003年的有关规定改为罚息利率。

（2）计算公式

复利的计算公式为：

（本期）复利＝（上期结余）利息 ×（罚息）利率 × 贷款期限

（本期）总利息 =（本期）复利 +（本期）单利（本金 × 合同利率 × 贷款期限）

5.3 罚息计算

从性质上讲，罚息是对借款方违约的惩罚。计息以贷款逾期当日的本息合计作为基数。其计算方法大体和利息的计算方法一样。但中国人民银行曾多次对罚息利率进行了调整，而且规定实行分段计息。在结息的期限上，是按长期借款的做法“按季结息”还是以中国人民银行罚息利率调整的期限分段，将对计算结果有相当大的影响。在同一利率的情况下，分段越多，计息的基数相对增加，最后的利息总额会越高。由于银行规定是每月或每季末月的 20 日为结息日，其中遇到的涉及破月、破季的问题也会增加计算的难度。从银行的角度看：在依据中国人民银行调整罚息利率的时间进行分段的基础上再按季结息，利息总额相对较多，但计息过程相对复杂；仅按中国人民银行调整的罚息利率的时间分段，利息总额相对较少，计算相对容易。

罚息的计算公式为：

罚息 = 上期本息结余 × 罚息利率 × 逾期期限

罚息 = 本金 × 罚息利率 × 逾期期限 + 累积逾期利息 × 罚息利率 × 逾期期限

这两个公式实质上是一样的，只是形式上稍有差别。在第一个公式中，“上期本息结余”是个变量，它是本金和累积利息之和。利息在复利计算方法下是增加的，因而“上期本息结余”也会逐渐变大。在第二个公式中，本金即原始的合同本金，是个常量。引起变化的因素在于这个变量，随着逾期时间越长，“逾期利息”将呈现逐渐增加的趋势。至于罚息利率和逾期期限这两个因素，则属于相对常量。它们随银行规定的变化而变化。

5.4 逾期贷款违约金的计算

逾期贷款违约金是对借贷双方违约行为的惩罚性制度，在性质上属于当事人在缔约时约定的违约方向对方承担的民事责任。《中华人民共和国民法通则》第一百一十二条第二款以及《中华人民共和国合同法》第一百一十四条第一款是逾期付款违约金的法律渊源和理论基础。通常认为，它不能与罚息同时适用于借款方。

5.4.1 计算标准

最高人民法院对逾期付款违约金计算标准的历次调整，都是根据中国

人民银行对金融机构计收逾期贷款利息标准的变动而变动的。

5.4.2 计算方法

对于逾期贷款违约金的计算方法，合同当事人通常会在合约中约定，未约定或约定不明的按照合同法有关原则确定，如补充协议。违约金的计算方法通常与罚息的计算方法相类似。

5.5 迟延履行期间的债务利息（双倍利息）的计算

该利息的产生从时间上看是发生在法院做出裁判以后。迟延履行期间的债务利息（双倍利息）性质上是对当事人不依法履行判决裁定以及其他法律文书义务的惩罚，而不是简单对迟延履行还款义务的惩罚，加收的双倍利息并不是上缴国库，而是给债权人，所以它具有一定的民事补偿性，而不是强制措施。要求支付双倍利息的直接法律依据是《中华人民共和国民事诉讼法》第二百三十二条："被执行人未按判决、裁定和其他法律文书指定的期间履行给付金钱义务的，应当加倍支付迟延履行期间的债务利息。被执行人未按判决、裁定和其他法律文书指定的期间履行其他义务的，应当支付迟延履行金。"

例：计算小额贷款利息

本例是特定农村信用社的情况，诚信奖励金制度有利于农户按时足额归还贷款。各地农村信用社贷款政策和规定有所差异，具体需要向当地农村信用社信贷员咨询。

以贷款10000元为例，贷款时间为2015年1月1日至2015年12月31日；协议月利率为12‰，每个月所需要交的利息为120元，1年的利息为1440元。

一、如果农户每个月20日都按时还利息，到期后按时归还本金，那么在归还完贷款后信用社将一次性退还给农户468元的诚信奖励金（每个月退还39元），实际上农户全年支付的利息为972元（每月还利息81元）。

二、如果农户某月没有在20日按时归还利息，但是在月底之前把它还了，那么农户这个月的利息就是120元，其他的月份农户都正常还利息了，那么正常还利息的月份利息就为99元，到贷款还清的时候，信用社就把正常还贷款的每个月的21元诚信奖励金退还给农户。

三、如果农户某月没有在20日按时还利息，月底之前也没有还上，而是拖到下个月才归还，那么农户每个月交的120元就不退还一分了，即每月实际利息就是120元。

四、如果农户在贷款期间在信用社存款，假设农户贷款期间日均存款余额为8000元，农户贷款10000元中的8000元在贷款结清时，信用社每月会退还农户60元作为诚信奖励，相当于这部分贷款每月利息只有60元。而剩下的2000元贷款，信用社每月又能退39元诚信奖励金，即这部分贷款实际利息为每月81元。当然，如果农户贷款期间的日均存款超过了贷款金额，那农户整个贷款，信用社每月都可退还农户60元诚信奖励金，相当于整个贷款每月利息只有60元。

6 远离高利贷

6.1 认清高利贷

高利贷，是高利息贷款的简称，也就是超过正常利率的借贷。我国的规定为凡是超过国家公布的基准利率4倍以上（包括4倍）的都算作高利贷。之所以这样规定是因为只有在规定的利率范围内，才能建立起比较合理的借贷关系，才能有利于生产和经济秩序的稳定。只有在这个范围内，才能得到法律的保护。例如，我们国家银行的贷款基准年利率是4.35%，那么个人房贷年利率不超过17.4%就算是“合理”的。在资金紧张及经济过热时，个别放贷人的贷款利率是月息10%，折算成年利率就是120%，已经远远超过国家规定的比例，是要受到国家严厉打击的。

高利贷与民间正常借贷的区别主要如下：

一、性质不同。民间借贷往往出于互帮互助，通常属于私人之间的单独交往。虽然放贷者一般也有收益，但其利息不会高得离谱，最多不会超过银行利息的4倍。高利贷则不同，放贷者就是想牟取暴利，放贷是房贷者的一种商业行为，通常利息畸高，远远超出银行利息的4倍。

二、规模不同。民间借贷的金额一般不大，借贷对象一般是熟悉的个人和单位，放贷次数也不会太多。高利贷则金额较大，通常是向不特定的人、多次发放贷款。

对借贷双方来说，涉入高利贷市场的人群都属于高危人群。对于放贷者来说，由于资金来源也是通过高息吸收上来的，所以必须高度关注贷出资金的安全，一旦借款者还款不及时，便容易动用非正常手段催债，甚至动用违法手段来逼债，极易引发社会治安问题。对于借款者说，通过高利率借来的款项，虽然能解决生产经营或生活中的眼前困难，但是却背上了高利率的债务。在生产经营上，必须要取得高于利息率的资金利润率才能维持生产经营，一旦达不到取得高利润的目标，就意味着没有能力还款。有

的就采取各种办法来逃避债务，由此又引发贷款人形形色色的催讨，甚至被迫杀，影响了社会的稳定。所以说，高利贷是一个依附在商品经济身上被人们痛恨的毒瘤，必须要严格监控。

高利贷自古以来一直存在，只是在不同时期，泛滥程度有所不同，其产生的原因主要有：

一、银行贷款门槛高，农户很难取得银行借款。目前，除了房贷、车贷等消费类贷款外，其他的个人贷款一般都要求有抵押物。虽然也有像农户小额贷款那样不需要抵押的信用贷款，但还远远不能满足众多农户的贷款需要。正常、公开的渠道“找”不到钱，就给高利贷提供了空间。

另外，一些农村企业缺乏诚信意识，金融机构怕借钱给它们变成坏账，因此不敢轻易放贷。这些农村企业在缺钱的时候，就有可能通过借高利贷来解燃眉之急。

二、商业银行将业务往城市集中，农村只有信用社等金融机构提供贷款服务。为避免坏账，它们往往“过度谨慎”，服务态度不好，脸难看，门难进，令一般农村企业和农户望而却步。

目前农村企业发展很快，但往往积累不足，向正规金融机构贷款“条条框框”又多，很多农村企业无法成为金融机构的放贷对象。比起银行贷款来，高利贷条件灵活、手续简便快捷，很多还可以无抵押，这些都是高利贷在农村地区活跃的原因。

6.2 高利贷的危害

6.2.1 危害人民生活的安定，社会不稳定因素增多

发放高利贷的人群有些是具有黑社会性质的组织，在催讨债务过程中，手段恶劣，造成人心恐慌，危害社会稳定。而且，借款人借了高利贷，很多无法按期还清借款，又害怕被追债，索性破罐子破摔，走上犯罪的道路，增加了社会不稳定因素。

近年来农村资本市场暗流涌动，资本极度稀缺，高利贷正与商业资本、乡村黑恶势力结合起来，形成农村的黑三角，层层加码盘剥农户。例如，一些地方农产品供销商，在农民春耕资金紧缺时，往往赊卖农药、化肥、种子。一袋尿素，市价是80元，赊买时最高达200元。

当农户不能按期还款时，他们则采取各种不法手段胁迫农户。有些高利贷头子本身就是地方黑恶势力头子，他们则直接把高利贷与财权抵押相结合，农户一旦不能还款，他们就把农户的财产、物件、器具等强行拿走，

这种附加苛刻条件的高利贷，使一些农户深受其害。由于这些人为恶乡里，村民往往敢怒不敢言。这已成为乡村黑恶势力聚敛财富的重要手段。

从已有案件来看，大多数高利贷背后都有地方黑恶势力为其撑腰。某些高利贷与黑恶势力沆瀣一气，诱骗农户参与其不法活动，如赌博等，然后骗农户贷款，农户上钩后就会倾家荡产。例如，在甘肃省林县仁村，2000~2003年，因为参加赌博，大借高利贷，已有11户农户债台高筑，其中4人因不堪重负而自杀。尽管高利贷问题现在仅在部分乡村存在，但其社会危害是极其严重的。

6.2.2 企业高利借贷害人害己，易引发集体上访事件

民间借贷是中小企业融资形式的一个有益补充，但高利贷严重加重了企业负担，一旦经营不善，便会拖欠借款人本息，导致大量借款人催款闹事。倘若企业倒闭，借款人高额回报的美梦破碎，极易引发借款人集体上访事件，严重影响社会和谐。

6.2.3 破坏国家金融政策，扰乱社会经济秩序

国家规定必须具备法定的资质才能从事借贷等金融业务活动，而高利贷违反了国家的金融监管制度，扰乱了国家金融市场的准入、竞争、交易等秩序。

同时，利率反映的是资金的供求关系，高利贷在很大程度上影响资金供求关系，从而影响国家宏观调控。

总之，高利贷既影响社会安定，又影响家庭幸福，由此给社会和家庭带来诸多恶果。

6.3 高利贷分析

6.3.1 容易借高利贷的人

在农村地区，借高利贷者往往有以下几种情况：

一、灾难发生，无法度日。

二、大病。医疗费用高，就有可能向高利贷伸手。

三、婚丧嫁娶。农村往往讲究体面，没钱也要撑面子。

四、孩子上学，学费无着落，甚至有为孩子出国借高利贷的。

五、偿还旧债。有债务在身的农户没钱还债，有时只能求助于高利贷。

六、农业投入或日常家用。农户少不了农具、牲畜、化肥等农业投入，贷款有时有困难，只好借高利贷。

七、农村小企业大量涌现，小企业融资难的问题在农村更为突出，很

多企业的流动资金要靠高利贷弥补。

6.3.2 高利贷的手法

高利贷的手法花样繁多，虽说有一定的历史延续性，但发展到今天有很大的不同。现代社会的高利贷陷阱可分为两方面，即“明面”与“暗面”。

“明面”上的高利贷一般较易辨别，也较为普遍。这种高利贷、高利息信息“透明”，不采用“欺骗、陷阱”的方式来榨取借款人私人财产。“地下钱庄”以及一些冠之以“投资公司、担保公司、财务公司”等民间借贷机构放出的高利贷大多属此种。

“暗面”上的高利贷在借贷关系上模糊，普遍让人不易辨别。

举例来说，农户急需要钱，向放贷者借钱，放贷者以降低风险为由，让农户把身份证、户口本都押下，并且把农户的房屋等财产作为抵押，将相关证明押下。之后，放贷者借各种名目和说辞让农户签下一份委托对方帮你卖房的公证书，或者是一份空白的房屋买卖合同，以及农户收取了人家多少钱的“收条”（注意，是收条而不是欠条）。到还钱的时候，如果农户还不了，放贷者就有可能卖掉农户财产。即使农户能还钱，放贷者照样可以拿着上述证件说农户已将财产卖出，而且收了钱，交出了相应证明，是农户违约。农户要取回相关证明则需要赔付放贷者违约金。这种高额的违约金变相成为高额的利息，农户极易掉进类似的高利贷陷阱。

“高利贷公司”往往偷换概念，掩盖事实。一些小广告上以及网上打着“当天放款”旗号的，大多是行高利贷之实的公司，对于这样的民间借贷机构千万不要冒进。拿到钱的那一刻很可能就掉进了巨大的高利贷陷阱。

6.4 如何远离高利贷

企业和农户在生产和生活过程中出现临时的资金需求时，可通过正规的融资渠道进行融资，切不可以通过非法集资和借高利贷的方法来解决。

目前，通过金融机构解决融资问题的途径是多种多样的。

6.4.1 农户

一是通过抵押、质押获得贷款，比如用未到期的存单到金融机构进行质押获得贷款。也可以向金融机构咨询 2016 年开始试点的农村承包土地的经营权和农民住房财产权抵押贷款的办理。

二是通过信用担保获得贷款。对于急需用钱且数额小、时间短的农户而言，可通过有固定工资收入的人员（如公务员）为其进行担保从而获得贷款，如邮政储蓄银行、信用社等金融机构开办有“农户联保贷款”“商户联保贷款”“党员创业授信卡”等业务。

总之，目前各金融机构针对个人小额贷款的金融产品越来越多，农户要多咨询、多了解，切不可盲目举借高利贷。

6.4.2 农村企业

一是通过抵押方式获得贷款。企业可以通过有效资产到金融机构进行抵押获得贷款，如土地、厂房、机械设备等均可进行抵押。

二是企业间相互担保获得贷款。借款企业只要找到愿意为其进行担保并符合担保资格的企业为其进行贷款担保就可获得贷款。

三是通过担保公司为其担保获得贷款。政府部门也在积极解决中小企业融资难的问题，如设立的专门担保机构，部分因无土地使用证、房产证等有效抵押资产的企业可通过担保公司为其担保从而获得贷款。

各金融机构也正积极探索权利质押、设备质押、流动资产质押、出口退税托管账户、保付代理、联保贷款等新方式，切实解决中小企业贷款难的问题。

信用是企业的名片。广大农村企业家一定要增强诚信意识，与金融部门建立真实可靠、长期的信用关系，在需要钱的时候，金融机构就会千方百计伸出援助之手。

6.5 高利贷纠纷的解决

一、对高利贷行为进行认真分析，看是否涉及非法吸收公众存款、高利转贷、集资诈骗等违法犯罪行为，如有嫌疑，可到当地公安机关报案或反映情况。

二、对无违法犯罪行为的，双方可以通过协商的方法，也可以通过诉讼途径解决。放贷者不可采取过激行动，以免酿成赔了损失又坐牢的恶果；借钱人也不能再以借高利贷的方法“拆东墙补西墙”，否则窟窿会越补越大，如果对方有违法暴力行为，则要及时报警，尽可能申请法律保护，不能听之任之。

第二节 农户贷款的办理

1 农户小额信用贷款

农户小额信用贷款是指为了提高农村金融机构信贷服务水平，加大支农信贷投入，简化信用贷款手续，更好地发挥农村信用社在支持农民、农业和农村经济发展中的作用而开办的，基于农户的信誉，在核定的额度和期限内向农户发放的不需要抵押、担保的贷款。它适用于主要从事农村土地耕作或者其他与农村经济发展有关的生产经营活动的农民、个体经营户等。

从 2002 年开始，我国农村信用社全面实施中国人民银行发布的《农村信用合作社农户小额信用贷款管理指导意见》，增加对农户和农业生产的信贷投入，以此支持和推进我国农业及农村经济的全面发展。与其他农村贷款不同的是，农户小额信用贷款是农村信用社基于农户的信誉情况，在核定的额度和期限内向其发放的不需抵押、担保的贷款。此举无疑简化了贷款手续，方便了农户。而且，实践中反馈的信息也令人乐观，只要贷款真正发放到了农户手中，归还情况远远好于城市各种商业贷款。

农户可向农村信用社、中国农业银行、中国邮政储蓄银行、村镇银行申请小额贷款。需要注意的是，本书以农村合作信用社与中国农业银行提供的农户贷款为范例，但具体细节各银行或信用社会有所不同，办理时可以向当地银行或信用社咨询。

1.1 概况

具体来说，农户小额贷款是指按照普惠制、广覆盖、商业化的要求面对农户户主或户主书面指定的本家庭其他成员发放的贷款。每户农户只能由一名家庭成员申请农户小额贷款。农户是指长期（一年以上）居住在乡镇（不包括城关镇）行政管理区域内的住户和长期居住在城关镇所辖行政村范围内的住户，户口不在本地而在本地居住一年以上的住户，国有农（林）场的职工和农村个体工商户。位于乡镇（不包括城关镇）行政管理区域内和在城关镇所辖行政村范围内的国有经济的机关、团体、学校、企事业单位的集体户，有本地户口但举家外出谋生一年以上的住户，无论是否保留承包耕地均不属于农户。

1.2 申请条件

申请贷款具体条件：一是居住在信用社或银行的营业区域之内；二是具有完全民事行为能力，资信良好；三是从事土地耕作或者其他符合国家产业政策的生产经营活动，并有合法、可靠的经济来源；四是具备清偿贷款本息的能力。

1.3 贷款用途

农户小额信用贷款用途主要应为：

（1）种植业、养殖业方面的农业生产费用；

（2）购买小型农机具；

（3）围绕农业生产的产前、产中、产后服务等；

（4）购置生活用品、建房、治病、子女上学等消费。

1.4 期限与额度

农户小额信用贷款期限，根据生产经营活动的实际周期确定，小额生产费用贷款一般不超过一年。贷款利率按照中国人民银行公布的贷款基准利率和浮动幅度适当优惠，结息方式与其他贷款相同。

农户小额信用贷款的具体发放额度，由信用社或银行根据当地农村经济状况、农户生产经营收入、信用社资金状况等具体确定，报中国人民银行县（市）支行核准。信用社或银行根据农户的信用评定等级，核定相应等级的信用贷款限额，以农户为单位发放贷款证（卡），一户一证。持有贷款证（卡）的农户可以凭贷款证（卡）及有效身份证件，到信用社或银行营业网点直接办理限额内的贷款，也可以通知信用社或银行信贷人员到家中为其发放贷款。

农户小额信用贷款采取“一次核定、随用随贷、余额控制、周转使用”的管理办法。当然，贷款额度直接对应于农户信用等级变动。对农户信誉程度发生变化的，其信用评定等级及相应的贷款额度也及时变更。此外，对随意变更贷款用途，出租、出借或转让贷款证（卡）的农户，将及时收回贷款证（卡），并取消其小额信用贷款资格。

1.5 基本原则

农户小额信用贷款的基本原则是：

（1）偿还性：农户小额信用贷款的本质特征是贷款，偿还性是信贷资

金的第一原则。它既不同于一般商业金融的贷款，也异于国外的一些机构捐助性资金的运作，更不同于财政资金的扶贫补贴。因此，农户小额信用贷款的高收贷率是维持其贷款活动持续不断进行的最根本前提。

（2）信用性：农户小额信用贷款服务的基本对象是，因贫困而缺少抵押物和担保人但诚信度较高的农户群体，如果沿袭商业金融的保证制度或采取变相的抵押担保方式作为贷款风险的控制手段，就不能体现农户小额信用贷款的基本特征，其服务性也就失去了意义。

（3）投向性：农户小额信用贷款主要用于低收入农户种植业和养殖业的简单再生产和小规模扩大再生产的资金供给，以及他们小额的生活消费资金。因此，一般的农业生产企业、加工运输企业、工商贸易企业、乡镇企业和农业基础设施建设不是农户小额信用贷款的供给对象，农村信用社也不应凑零为整对一些已形成规模化和专业化农业生产经营企业发放农户小额信用贷款。

（4）方便性：商业银行发放贷款从申贷到放贷有一套较严格的程序和手续，农户小额信用贷款要做到手续简便，就要真正落实小额贷款证的总额控制、授期有效、随时存取、柜台办理的信贷承诺。

（5）自主性：信用社或银行不仅是小额信用贷款的经营主体，更是小额贷款风险的唯一承担者，按照决策和风险责任统一的原则，贷款授权的期限、利率、额度应由信用社或银行作出最终的决策，其他行政主体不能干预也不能在相关政策和制度上设置间接障碍。

（6）“三公”性：为防范小额信用贷款的风险和防止发放主体“内部人”控制，在对农户信用等级和贷款风险评估时要做到“公开、公平、公正”。目前由村党政组织、农户代表、信用社或银行员工组成的评估小组既符合农村实际也有利于“三公”，把评级“原则、标准、程序、条件”公开，有利于评估监督，有利于把非市场价格的资金合理均衡地配置到农村的低收入群体。

（7）量力性：中国各农村金融网点的运作环境差异性大，资金供应关系很不均衡，有的地区农村金融网点对负债依存度很高，但负债源又不足，资金供求矛盾突出。因此要按照各金融网点负债能力和自身的资产规模量力而行，关键是要搞好集约经营，提高小额信用贷款的营销质量。

1.6 特点

1.6.1 贷款金额少

小额信贷是一个相对的概念。我国幅员辽阔，各地自然资源状况不同，农村经济发展水平差异较大。这要求确定小额贷款的具体额度需要结合实际，因地制宜，因人而异，适时调整。银监会要求农村中小金融机构根据自身风险管控能力、当地农村经济发展情况以及借款人生产经营状况、偿债能力、收入水平和信用状况，自主确定农村小额贷款额度。例如，中国邮政储蓄银行小额信贷业务对于贷款金额的规定，农户小额贷款最高额度为 5 万元，商户小额贷款最高额度为 10 万元。单笔贷款最低限额为 1000 元，最小变动单位为 100 元。

1.6.2 贷款期限灵活

小额信贷的期限制定是根据当地农业生产的季节特点、贷款项目生产周期和综合还款能力等灵活确定的。目前，一般贷款期限较短，主要为 1 年、3~6 个月等。今后特殊生产项目或特殊情况可以进一步延长小额信贷的期限。《中国银监会关于银行业金融机构大力发展农村小额贷款业务的指导意见（2007）》指出，允许传统农业生产的小额贷款跨年度使用，要充分考虑借款人的实际需要和灾害等带来的客观影响，个别贷款期限可视情况延长。对用于温室种养、林果种植、茶园改造、特种水产（畜）养殖等生产经营周期较长或灾害修复期较长的贷款，期限可延长至 3 年。消费贷款的期限可根据消费种类、借款人综合还款能力、贷款风险等因素由借贷双方协商确定。对确因自然灾害和疫病等不可抗力导致贷款到期无法偿还的，在风险可控的前提下可予以合理展期。

1.6.3 允许整贷零还

农村小额贷款允许采用分期还款模式，在还款方上经历了按周期还款到按月、按季还款的转变。

例如，有的地方规定了小额信贷还款办法有 5 种形式，分别是：周还制：每周还一次，每次还本 2%，50 次还完，首次还款从第 3 周开始；循环制：每次还 3%，最后一次还 4%，33 次还完，首次还款从第 4 周开始；双周制：每 2 周还一次，每次还 4%，25 次还完，首次还款从第 4 周开始；半月制：每半月还一次，每次还 5%，20 次还完，首次还款从第 3 个半月开始；月还制：每月还一次，每次还 10%，10 次还完，首次还款从第 3 个下半月开始。

1.6.4 多样的担保形式及不需担保

针对农村贫困户缺少可以抵押的资产，农村小额信贷规定可以不担保，或申请灵活的形式进行办理。不需要担保的贷款方式主要是农户小额信贷；需要担保的贷款方式有农户联保贷款、农户保证贷款、农民专业合作社贷

款等。

1.7 贷款申请

1.7.1 贷款人条件

一般来说，申请农户小额贷款的借款人必须同时具备以下条件：

（1）具有中华人民共和国国籍，年龄在18周岁以上（含18岁）60周岁以下，在农村区域有固定住所，身体健康，具有完全民事行为能力和劳动能力，持有有效身份证件。

（2）是农村家庭的户主或户主书面指定的本家庭其他成员，且已经申请获得贷款金融机构储蓄卡。

（3）应具有稳定的经营收入及按期偿还贷款本息的能力。

（4）所从事的生产经营活动符合国家法律法规及产业政策。

（5）信用评级为一般级及以上。

（6）品行良好，没有连续逾期90天以上或累计逾期6期以上的信用记录，申请贷款时无逾期未还贷款。

（7）贷款人规定的其他条件。

国家严禁对以下客户办理农户小额贷款业务：

（1）存在恶意逃废银行债务及其他债务的。

（2）有严重违法违纪或其他不良记录的。

（3）有赌博、吸毒等不良嗜好的。

（4）从事国家明令禁止的业务的。

实践中，个别地方的个别金融机构为了获取额外的收益，在农户申请小额贷款时违规附加保险或额外收费等，这是农户需要注意防范的，可以据理力争，甚至可以向当地银监局投诉举报。

例：走样的农户小额贷款、贷款需要接受额外条件（沈汝发、涂洪长 中国新闻网）

农户要在福州市罗源县农行办理小额贷款，可不是件容易的事，以贷3万元的农户小额贷款为例，农户除了支付年息超过7%的银行利息外，还要交1800元的“理财服务费”，办理意外伤害保险，另外还需购买农行的个人短信通、个人网上银行等其他金融产品。目前，有1000多农户在该行办理了农户小额贷款，他们为了贷到款都不得不咬牙接受这些额外的条件。

罗源县松山镇一名农户靠养殖对虾为生，今年3月份打算贷款3万元扩大生产，后来在一个朋友的引见下，办理了农户小额贷款。

“将近办了两个星期，在最后一天签借贷合同时，银行说要交 1800 元，等了一小时才拿到发票，看到居然是理财服务费。”这名农户说。

据中国农业银行的官方网站介绍，理财业务指农业银行为客户提供财务分析、财务规划、投资顾问、资产管理等专业化服务和专业化产品的活动。“太奇怪了，农户小额贷款跟理财服务有什么关系呢？根本连一点边都沾不上。”这名农户说。

记者在罗源县农行出台的《关于进一步规范农户小额贷款通知的规定》中找到了“理财服务费”的出处。根据该《规定》：“农户小额贷款每年 1 万元另收 200 元的中间业务收入，如借款金额 3 万元，期限 3 年，收 1800 元。”“理财服务费”即属于《规定》中的中间业务收入。

不仅如此，《规定》还要求，申请办理农户小额贷款的客户，需办理意外伤害保险。同时，相应惠农卡需绑定个人短信通、贷记卡、个人网上银行、手机银行、个人电话银行中的 4 个产品。

据罗源县农行介绍，罗源县一共办理了 1.7 万张惠农卡，自 2008 年底实施农户小额贷款至今，已有 1000 多户农户办理了这一贷款。

一系列额外的费用大大增加了农户们的负担。他们算了一笔账，去年农户小额贷款是 5 分多的利息，今年已经涨到 7 分多，再加上 1800 元，折合到利息里面，相当于 9 分的利息。

“农户小额贷款是国家的惠农贷款，但现在七加八加，和商业贷款的利息差不多了。”有农户抱怨说。

“农行是遵循商业运作原则，根据市场情况制定的收费政策，”中国农业银行罗源县支行行长冯国玉说，“农户小额贷款和商业贷款的区别在于条件放得比较宽，利率上浮没有什么差别，都是在中国人民银行允许的范围内，根据市场需要来调节，银行是做生意的，亏了要自己赔，风险要自己担，农户不属于银行的优质客户，所以收费比较高。”

为何以“理财服务费”的名义额外收取？冯国玉坦言，中间业务收入指标是考核银行的硬指标，这样做是为了提高中间业务收入的比例。

福州大学社会学系主任甘满堂教授认为，罗源县农行在办理农户小额贷款过程中收取“理财服务费”，以此提高中间业务收入比例，这种弄虚作假的行为影响了中国农业银行的声誉和公信力。甘满堂表示，农户“贷款难”是一个普遍难题，农行作为国有大型企业，肩负“扶助三农”的重任，理应更多承担惠农的社会责任，在贷款上对农户实行低息甚至无息贷款，

真正发挥金融助农的作用。

1.7.2 申请办法

（1）农户向银行提出评定申请

银行或信用社主要根据农户基本情况、资产负债状况、生产经营状况、信誉程度等指标对农户的信用等级进行测评。农户信用等级一般分为优秀、较好、一般三个档次。

（2）接受信用调查

客户经理（信贷员）对申请评定信用等级的农户进行详细调查，内容包括：

一、查验申请人有效身份证件，审查申请人是否系本辖区农户，是否具有完全民事行为能力；

二、申请人或家庭成员是否具备劳动生产或经营管理能力；

三、核实财产、综合收入情况；

四、借款需求是否合理；

五、申请人在农村信用社和其他金融机构有无不良信用记录；

六、向村两委及村民代表咨询该户的资信情况；

七、其他有关情况。

客户经理（信贷员）要依靠村两委、村民代表，采取评议方式认定农户信用等级，并依据调查内容填写《农户经济档案》，提出信用状况评定初审意见。

（3）申请时需提供的材料

信用贷款需要提供的资料包括：借款人身份证、户口本、结婚证原件及复印件，以及村委会推荐书。

此外，保证贷款还需提供：保证人身份证、户口本、结婚证原件及复印件、保证人同意承担连带责任承诺书。抵押贷款还需提供：抵押人身份证、户口本、房产证原件及复印件、抵押人同意抵押声明。

1.7.3 贷款发放

（1）已被评为信用户的农户持本人身份证和农户贷款证到农村金融网点办理贷款，填写《农户借款申请书》。

（2）银行信贷内勤人员认真审核《农户借款申请书》，农户贷款证及身份证等有效证件，与《农户经济档案》进行核实。

（3）银行信贷内勤人员核实无误后，办理借款手续，与借款人签订《农户信用借款合同》，交给银行会计主管审核无误后，发放贷款。

（4）银行信贷内勤人员同时登记农户贷款证和《农户经济档案》。

（5）借款人在《农户借款申请书》《农户信用借款合同》借款借据上签字并加按手印。

1.7.4 贷款归还

借款人要提前准备偿还贷款的本金和利息。通常，金融机构信贷员在借款人的贷款到期前一个月，便会上门或书面通知归还贷款本息，借款人则应在贷款催收通知书上签字。如借款人不能按期归还，应在到期前一个月内，提出书面展期申请，经同意后，办理展期，但可能产生贷款成本变化。借款人确定不能按期归还贷款本息的，应向贷款方说明原因，并作出归还计划，以取得贷款方批准，否则，贷款人享有随时依法主张债权追索或依法清偿的权利。

1.7.5 注意事项

（1）不得违规

根据国家监管规定，禁止银行信贷资金用于买卖股票、债券等资本市场投资，禁止利用银行信贷资金进行权益性投资、非法发放高利贷等行为。借款人应按照约定用途使用贷款资金，如有必要，银行有权要求客户补充相关贷款资金用途的材料；如未按照约定用途使用贷款资金，将视为违约行为，银行有权提前收回该笔贷款。

（2）重视信用记录

借款人的信用是宝贵的财富，根据中国人民银行颁布的《个人信用信息基础数据库管理暂行办法》，借款人在银行的信贷还款信息将保存为其在征信系统的信用记录。借款人应注意按照约定日期、金额、方式及时间偿还贷款，这将为自己积累更加有价值的信用记录。

（3）不能重复贷款

如借款人在同一银行已经有尚未还清的信用贷款，将不能同时享受此信用额度。

（4）强制扣款

借款人以工资账户为还款账户，如借款人代发工资账户上还贷资金不足，银行有权从其在本银行的其他结算账户扣除相应的资金用于偿还贷款。

（5）单位变动

借款人如发生单位变动情况，银行有权要求其追加贷款担保条件或提

前偿还贷款。

（6）个人情况变动

如借款人发生职位级别变动、工资账户变更等情况，银行有权变更借款人额度、要求其追加贷款担保条件或提前偿还贷款。

2 农户联保贷款

2.1 概况

农户联保贷款是指社区居民依照本指引组成联保小组，贷款人对联保小组成员发放的，并由联保小组成员相互承担连带保证责任的贷款。农户联保贷款实行个人申请、多户联保、周转使用、责任连带、分期还款的管理办法。它是为解决农户贷款难、担保难而设立的一种贷款品种，由农户在自愿基础上组成联保小组彼此相互担保的贷款；它适用于除小额信用贷款、抵（质）押贷款以外的农户以及难以落实保证的贷款。农户联保贷款的基本原则是："多户联保，总额控制，按期还款。"

农户联保贷款的服务对象主要是具有农业户口的社区居民，主要从事农村土地耕作，或与农村经济发展有关的生产经营活动的农民、个体经营户等。

自 2001 年由中国人民银行推出以来，农户联保贷款以其独有的拓宽支农路子，为促进农村经济全面发展发挥了极其重要的作用。

一是扩大了贷款支持面。传统农业生产费用贷款的发放存在一定局限，农户小额信用贷款远远不能满足农户的需要。农户联保贷款的推出，正好解决了这一问题，有效扩大了信贷支持面。

二是为银行系统富裕资金找到出路。随着农村经济的不断发展，农村金融系统资金规模不断扩大，单靠农户信用、抵押和质押贷款显得不足，农户联保贷款开拓了支农新思路。

三是减少信贷风险。由于农户联保贷款通常采取五户联保，小组成员之间相互承担连带保证责任，贷款逾期后，可向任何小组追索，为到期偿还提供保障，大大减小信贷风险。

四是有效解决农村融资难问题。随着农村产业化结构调整步伐的加快，农户对资金的需求越来越多，而农户能够提供的抵（质）押物品非常缺乏，抵（质）押能力十分有限，农户联保贷款既脱离小额信用贷款束缚，又不受制于抵（质）押物的限制。

五是强化农村诚实守信意识。由于农户联保小组成员之间相互承担连带保证责任，成员出现不守信用、不按时还款，其他小组负有督促和代替还款义务，能够有效强化农民诚信意识，促进农村诚信环境建设。

六是加快农村产业化结构调整步伐。大量农户联保贷款的发放，使农民获得更多的资金支持，扩大了农民就业渠道，增加了农民收入，对农村产业结构调整起到了积极的推动作用。

2.2 申请条件

申请农户联保贷款的基本条件包括：

（1）单独立户，经济独立，在贷款人服务区域内有固定住所；

（2）具有完全民事行为能力；

（3）从事土地耕作或者其他符合国家产业政策的生产经营活动，并有合法、稳定的经济收入；

（4）在相应金融机构开立存款账户，无不良信用记录；

（5）联保小组由居住在贷款人服务区域内的借款人组成，一般不少于5户（邮政储蓄银行现行规定为3~6人）；

（6）各金融机构规定的其他条件。

2.3 农户联保贷款的特点

农户联保贷款最主要的特点表现为：

（1）个人申请、多户联保、周转使用、责任连带、分期还款；

（2）依据贷款用途、贷款项目生产周期、综合还款能力等因素确定贷款期限，一般为1~3年；

（3）利率优惠，优惠幅度由当地信用社确定。

农户联保贷款积极作用体现在以下几个方面：

（1）农户联保贷款作为农户小额信用贷款的有益补充，为解决部分“三农”大额信贷需求提供了便利，在成立联保小组后，凭农户贷款证和有效身份证件，就可直接办理，无须再办理担保抵押手续。

（2）丰富了农村金融市场的信贷产品种类，增强了农村金融机构信贷服务功能，增加了“三农”的信贷产品选择余地，为农民合理选择信贷产品提供了可能。开办农户联保贷款后，实行“介入申请、多户联保、周转使用、责任连带、分期还款”的办法，使贷款手续明显简化，大大方便了农户借贷。

（3）有效支持了农业产业化、规模化的发展，为农村调整产业结构、延伸农业产业链条、发展种养业提供了有力的资金支撑，同时也促进了农

民的增收，增加了农村信用社的收入来源和经营效益，浓郁了农村诚实守信的氛围。

但同时我们要看到，申请联户联保贷款也要有所规划，特别是当经济压力增大，需要更多资金时，怎样选择退出联保贷款就尤其重要。

例：王大叔与村里的其他两个村民一起申请了联户联保，每人申请了5万元的贷款，贷款的期限是5年，谁知在第2年的时候，王大叔家里盖新房急需4万元钱，当他去农村信用社贷款时却遭到了拒绝，理由是王大叔已经申请了联户联保，不能再申请贷款。遇到这种情况，该怎么办呢?

王大叔有以下途径能够贷到盖新房所需的4万元：

第一个方案，退出联保体，将所贷款项还清，但是这种情况将会使联保体解散，需征得其他联保体成员的同意，并且其他的联保体成员有偿还能力。

第二个方案，王大叔可以不需要退出联保体，以自己的名义向农信社贷款，但是需要再找其他的担保人。

第三个方案，王大叔可以与其他的村民组成联保体，再向农信社贷款，但是从现实情况来看，这种方式一般较为困难，如果王大叔的信用额度已经在第一次联保贷款中用足了，那么再成立联保体申请贷款将不太可能。

2.4 贷款额度

农户联保贷款的最高贷款额度为5万元。信用环境较好的地区，可适当调高最高贷款额度。各地各金融机构的额度大体如此，但具体情况会有所不同，想贷款的农户可向当地银行或信用社咨询，以其具体规定为准。

2.5 注意事项

农户联保贷款，在一定程度上降低了农民贷款的门槛，受到不少面临资金短缺困境农民的欢迎。但是，近年来涉及联保贷款的诉讼案件不断出现，并呈现逐年上升的趋势。

实践中，农户联保贷款纠纷存在以下特点：

一是被告人数较多。农户联保贷款纠纷中，一般由多人组成一个联保小组，银行分别向小组成员在一定额度内发放贷款。如果有一人不能归还贷款，小组其他成员将承担连带保证责任。所以此类纠纷中往往因为一人不归还贷款，整个小组成员都被告上法庭。

二是合同内容相对固定。农户联保贷款的合同往往是贷款机构提供的格式合同，一般共签订借款合同以及联保协议书两份合同。借款合同主要约定：借款金额固定，农户小额信贷每笔通常不超过5万元；借款期限固定，通常为一年；合同利率固定，即执行合同约定利率，遇利率政策调整亦不进行利率调整。联保协议书主要约定联保小组成员间的连带保证义务。相对固定的合同一方面为联保贷款的发展带来了便利，另一方面由于贷款人可能基于贷款，疏于理解合同的内容，一旦联保小组成员拖欠还款，其余成员可能因不理解合同的内容而产生对抗情绪，从而增加审判的难度。

三是联保贷款的操作过程中存在不规范的行为。例如，为了规避联保贷款借款额度小的问题，一人往往借用多人的名义组成联保小组，小组成员的借款均归于此人，这样往往造成信贷机构的风险集中，一旦此人未按约还款，其余成员也因未真实借款不愿承担还款或者连带责任，导致庭审中原被告双方对立。

四是缺席审理的案件比例高。原因一般有三种：第一，借款人签订借款合同时所留地址或电话均为在农村的旧址，借款人往往没有正式工作，流动性比较大，法院传票往往难以准确送达，导致案件审理中找不到被告，需要公告送达开庭传票。第二，有些案件即使能够找到被告，但作为借款人的被告抱着反正没钱还，法院怎么判都无所谓的心态，无正当理由拒不到庭。第三，一些被告人不理解连带保证的意义，往往认为不是自己借的款，与自己无关，拒不出庭应诉。

五是案件调撤率较低，多以判决为主，且已判决结案的案件，当事人自动履行的较少；经过法院强制执行，收回借款的案件数所占的比例也较小。

例：农户联保贷款纠纷案件频发（高珊珊，《京郊日报》）

农户联保贷款，在一定程度上降低了农民贷款的门槛，赢得了不少面临资金短缺困境农民的青睐。但是，近年来，涉及联保贷款的诉讼案件不断出现，并呈现逐年上升的趋势。

随着京郊农村经济的发展，建设施大棚、购置新型农业机械、引进新品种经济作物等，农民对资金的需求逐渐增大。同时，京郊农村地区在传统上又是正规金融功能的缺失地带，加上农民可抵押的“硬货”相对城里居民少，一些商业类银行对开展面向农民的贷款格外谨慎，这加大了农户融资的难度。近年来，部分银行为解决农户担保和信用度有限的问题，专门开发了农户联保贷款业务。所谓农户联保贷款，就是由参加贷款的几户农民在自愿基础上组成联保小组，银行作为贷款人向联保小组成员发放贷款，联保小组成员之间互相承担连带保证责任。仅北京银行于2009年启动“5+5”

金融服务行动方案以来，就已累计发放个人涉农贷款9450万元、农民专属卡6.1万余张。

但近来，记者在京郊部分区县人民法院走访时发现，尽管农户联保贷款有效解决了农户贷款难、担保难的问题，可随之而来的则是涉及联保贷款诉讼不断出现，并呈现逐年上升的趋势。这其中，联保小组中的农民对贷款连带责任理解不足、联保小组自身操作不规范，是导致此类纠纷的两个最主要原因。

一人不还一组成员成被告

农户联保贷款是由多人组成一个联保小组，银行分别向小组成员在一定额度内发放贷款。如果有一人不能归还贷款，小组其他成员将承担连带保证责任。所以，此类纠纷中往往因为一人不归还贷款，整个小组成员都被告上法庭。另外，个别借款农民为了规避联保贷款借款额度小的问题，借用多人的名义组成联保小组，小组成员的借款均归此人，这样往往造成一旦此人未按约还款，其余成员也因未真正借款不愿承担还款或者连带责任，导致庭审中原被告双方对立。

顺义法院杨镇法庭就曾连续受理了四起这样的金融纠纷案件。家住杨镇的刘挣（化名）、熊明（化名）、崔可（化名）、周程（化名）4人与原告农村信用合作社签订了农户联保贷款合同，共向农村信用合作社借款16万余元。另外的20名农民作为联保小组成员，与信用社签订了保证合同。2005年，4名被告的贷款合同即将到期，农村信用合作社依约向刘挣等4名贷款农民催要借款本金、利息，可刘挣4人却一直未按合同约定履行还款义务。合同期满后，给刘挣4人做担保人的20名农户联保成员也未按合同履行保证责任。

无奈之下，发放贷款的农村信用合作社将刘挣等4名借款人和20名农户联保成员一同告上法庭，要求4名借款人清偿信用社贷款本金、利息共计18万余元，其余20名农户联保成员承担清偿连带责任。4起连带的案件一出，顿时在当地引起了轰动，村民纷纷打听：“为何4个人欠款，要‘搭上’20个人陪绑？”20名“被牵连第一次上法庭”的农民中的老李等5人，更是满腹怨气：“我们连怎么就成了联保小组成员都不清楚！”

成员不理解担保责任引纠纷

农户联保贷款的合同往往是贷款机构提供的格式合同，一般共签订借款合同以及联保协议书两份合同。借款合同主要约定：借款金额固定，农户小额信贷每笔通常不超过 5 万元；借款期限固定，通常为一年；合同利率固定，即执行合同约定利率，遇利率政策调整亦不进行调整。联保协议书主要约定联保小组成员间的连带保证义务。相对固定的合同，一方面为农户联保贷款的发展带来了便利，另一方面由于不少农户往往拖到“等米下锅”时才会去贷款，急躁之下，疏于理解合同的内容，加之部分农民对金融贷款的法律责任等认识不高，在为他人提供担保时，没有全面了解金融借款合同及保证合同的内容，而是出于“面子”、朋友义气在保证合同上草率签字。一旦贷款逾期，保证人却不愿承担保证责任。

2008 年 8 月，延庆县法院就审理了这样一起农户联保贷款纠纷案，同一个联保小组中并没有真正使用贷款的张合与张程津最终替同组的马文一起承担了还款责任。2008 年 9 月 19 日，马文、张合、张程津以一个联保小组的身份与银行签订了农户联保贷款协议书，该协议书约定：2008 年 9 月 19 日至 2010 年 9 月 19 日，银行根据联保小组的申请与之签订借款合同，按照小组成员每人个人最高贷款限额 5 万元内发放贷款，联保小组任一成员自愿为其他成员的贷款提供连带责任保证，在某银行和小组中的任一成员签订借款合同时，不需逐笔办理保证手续，其他成员均承担连带保证责任，保证期间从借款之日起至借款到期后两年。也就是说，如果马文三人中有任何一个人需要贷款，都可以向银行申请最多 15 万元贷款，当借款的成员不能偿还贷款时，另外两人要与借款的成员一同还钱。当日，银行就向马文三人发放了共计 15 万元贷款，约定 2009 年 9 月 19 日前还款，并约定了固定利率，利息从贷款到账之日起，按照实际到账金额和占用天数计收；马文三人采用阶段性等额本息还款法还款。

转眼间最后的还款日到了，可仍有部分借款本金及利息没有还清。银行分别找到了马文三人，但这时，没有真正用到贷款的张合与张程津不干了，马文一人又无力还清全部贷款。最终，银行将三人一起告上了法庭，要求三个被告偿还剩余部分借款本金及利息。在法庭上，张合与张程津一度委屈地大喊：“欠债还钱天经地义，可我没借钱，凭什么也要我还钱？”

法院审理后认为，银行与马文三人签订的农户联保协议书与农户联保借款合同是当事人的真实意思表示，双方应当按照合同约定履行义务。银行依约履行了放贷义务，而马文三人未如约还款，已构成违约，银行要求三人偿还借款本息，并承担相应的连带保证责任的诉讼请求，合法正当、证据充分。法院判决三人偿还银行借款及利息和罚息 4 万余元。案后，主

审法官感慨地说：“这个案子真正的症结点在于农民没有搞清担保这个词在法律上的严肃性与相应的责任。”

多宣传严规范理好联保账

尽管农户联保贷款还存在上述问题，导致或大或小的此类纠纷频发，可其对推动农村经济发展、农民致富的作用却不可否认。记者走访了数位多年在京郊一线工作的法官、律师，他们不约而同地提出：“关键还是在于进一步规范其具体操作，并在农民中普及相关金融、法律知识，把好事真正办好。”

“磨刀不误砍柴工，这其实对银行等贷款机构来说，表面上看起来是增加了成本，可实际上也有利于维护其自身合法利益。”法官王夫贵建议，贷款机构在向借款农民与担保农民发放农户联保贷款时，应该对其身份进行核实，从一开始就避免“不真实的借款或担保行为”发生；发放贷款时，贷款机构应严格审查核实农户的借款情况，避免自身的风险集中；在与农户签订合同时，贷款机构要向农户尤其是联保小组中充当担保人的农户强调并解释连带保证的责任和意义。

律师则建议，针对贷款涉及的金融、法律问题较为专业，同时，农户法律意识普遍较为薄弱、法律知识匮乏，贷款机构、法院以及各区县、乡镇司法部门可以把农户联保贷款中常见的问题和应注意的事项编成简单易懂的小读本，发放给村民；还可以通过送法进村、普法讲堂等形式，多组织一些相关宣传，让农户明白连带保证责任等法律术语的意义，以便他们更好地维护自身的合法权益。

顺义法院则向京郊各区县人民法院发出倡议，法院应主动向贷款机构了解辖区农户联保贷款的整体情况，掌握潜在诉讼的趋势，为其开展农村金融业务提供相关法律服务。在接到此类案件时，多方调查，了解借款人的实际情况，对于确因家庭经济困难而无力偿还贷款本息的，多做贷款机构的劝说工作，尽量促成其同意借款农民分期予以偿还，努力缓解矛盾，使联保贷款真正实现保民无忧。

2.6 贷款文件

为帮助农户更好地了解农户联保贷款，现将有关文件范本列示如下。

2.6.1 联保小组申请书及联保协议

____________农村信用社：

我们______人自愿遵循“自愿组合、诚实守信、风险共担”的原则，向贵社申请成立联保小组，保证遵守《湖南省农村信用社联保贷款实施细则》的各项规定，并约定如下联保协议：

本联保小组每一成员向农村信用社借款时，由联保小组的所有其他成员提供最高额连带责任保证，即：本联保小组成员自愿为贵社在年月日至年月日期间向联保小组的其他成员发放的最高额为人民币（大写）________万元的贷款提供保证担保，并承诺：

1. 保证方式为连带责任保证，每一联保小组成员借款均由联保小组的所有其他成员提供连带责任保证，即互相联保；

2. 保证期间为自借款之日起至借款到期后二年；

3. 保证范围包括借款的本金、利息、罚息、逾期利息、复息、违约金、损害赔偿金和因借款人违约致使贷款人采取诉讼方式所支付的律师费、差旅费及贷款人实现债权的其他费用；

4. 不管借款用于任何用途，都不影响保证人承担连带责任；

5. 因借款人违反合同或借据约定，贷款人有权提前收回尚未到期的贷款，保证人应承担连带保证责任；

6. 督促借款人履行合同，当借款人发生贷款挪用或其他影响贷款偿还的情况时，及时报告贷款人；

7. 保证人同意，保证人所应支付的一切款项，可由贷款人（或商请其他行、社）在保证人的任何账户内扣收。

申请人（联保小组长）签章：

申请人（联保小组其他成员）签章：

年　　月　　日

2.6.2 农户联保小组联保借款申请书

农户联保小组联保承诺暨借款申请书

致：中国农业银行股份有限公司______支行

为促进各农户家庭共同致富，我们自愿组成联保小组，为成员向贵行申请贷款提供担保。联保小组指定__________作为组长，负责协调成员内部关系，督促各成员履行约定义务，并协助清收成员欠款。我们全体成员向贵行郑重承诺：

1. 在小组任一成员最高授信额度申请符合贵行条件且经贵行审批同意后，

其他联保成员无条件共同提供连带保证担保（包括最高额保证担保），并积极配合办理相关手续；具体最高授信额度、用款金额、期限、利率等均以信贷业务合同记载以及贵行业务系统电子数据交易记录为准。

2. 对各成员的最高授信额度申请或该额度下的具体借款申请，如果不符合贵行的条件或要求时，贵行有权拒绝提供借款或者调减额度；任一成员违反本承诺或信贷合同义务，或者出现可能影响其偿债能力的情形时，贵行有权对全体成员采取停止发放借款、提前收回已发放借款、要求履行担保义务及其他措施。

3. 诚实守信，不以联保方成员之间的矛盾、纠纷或任何其他理由，拒绝提供担保或违反合同；在各成员贷款本息全部归还完毕之前，不实施任何可能降低本人偿债能力的行为；发现其他成员实施任何可能有损偿债能力的行为，或者出现其他偿债能力下降的情况，即时告知贵行。

4. 本承诺一经签名即生效，决不反悔或撤销，在联保小组各成员贷款全部清偿前，不退出联保小组。否则，任何受损方均可要求违反承诺者承担赔偿损失等法律责任；贵行有权将各成员违约行为录入中国人民银行个人征信系统，必要时还可公告催收。

	小组成员 签名（按指印）	申请最高 授信额度	申请 授信期限	身份证号 码	家庭住址 及联系电话
1					
2					
3					
4					
5					

银行填写收到日期：　　　　年　　　　月　　　　日

2.6.3 联保贷款合同

合同编号：（　　）联保字〔　　〕第　　号

联保合同

联保小组成员：①________________________

②________________________

③________________________

④________________________

⑤________________________

⑥________________________

⑦________________________

贷款人：________________________

联保小组成员：①________________________

②________________________

③________________________

④________________________

⑤________________________

⑥________________________

⑦________________________

贷款人（全称）：

根据有关法律、法规、规章和农村信用社贷款管理的有关规定，经联保小组成员（即借款人、保证人）、贷款人协商一致，签订本合同。

第一条　从____年____月____日起至____年____月____日止，贷款人根据联保小组成员的申请和评级情况，核定联保小组

最高贷款总金额为人民币（金额大写____元，并在申请贷款的联保小组各成员所核定的最高限额内分次发放贷款。在此期间和最高贷款余额内，由联保小组的所有其他成员提供连带责任保证，不再逐笔办理保证担保手续，每笔贷款的最后到期日不得超过____年____月____日，每笔借款的种类、金额、期限、用途、利率和还款方式以借款借据为准。本合同项下借款按季结息，结息日为每季末月的第 20 日。提前还款时利率不变，贷款人有权

按本合同约定的借款期限计收利息。借款借据作为本合同的组成部分，与本合同具有同等法律效力。

第二条　每个小组成员在____年____月____日前向贷款人提存____元作为联保基金。联保基金由信用社专户管理，未经贷款人同意联保组各成员不动用联保基金直至经贷款人同意解散本小组。小组内任何一个成员出现贷款逾期、挪用信贷资金等危及贷款人信贷资金安全时，贷款人可以直接扣划小组任何成员的联保基金抵偿贷款本息和其他相关费用。

第三条　作为借款人的联保小组成员的权利和义务：

一、有权按照本合同约定取得贷款，在约定的额度和期限内可周转使用贷款。

二、按期偿还贷款本息。

三、按约定使用贷款，不得擅自改变借款用途，不得将贷款交其他联保小组成员使用。

四、应贷款人的要求及时提供真实的相关报表及所有开户社（行）、账号及其他资料。

五、接受贷款人对其信贷资金使用情况和有关经营活动的检查监督。

六、为他人债务提供担保，应事先通知贷款人，并不得影响贷款人到期收回贷款。

七、借款人保证不抽逃资金、转移资产或擅自转让股份，以逃避对贷款人的债务。

八、借款人同意，借款人所应支付的一切款项（含本金、利息及其他费用），可由贷款人（或商请其他行、社）在借款人的任何账户内扣收。

九、联保小组成员不得以任何方式将贷款转让、转借给他人或集中使用贷款人贷给联保小组其他成员的贷款。

第四条　作为保证人的联保小组成员的权利和义务（保证条款）：

一、非自然人的保证人承诺本次保证已取得董事会或股东会、股东大会决议的授权；

二、保证方式为最高额连带责任保证，任一联保小组成员向贷款人借款均由联保小组的所有其他成员提供连带责任保证，即联保小组成员相互承担连带保证责任，互相联保；

三、保证期间为每一笔借款到期日（含展期到期日）后二年；

四、保证范围包括借款的本金、利息、罚息、逾期利息、复息、违约金、损害赔偿金和因借款人违约致使贷款人采取诉讼方式所支付的律师费、差旅费及贷款人实现债权的其他费用；

五、不管借款用于任何用途，都不影响保证人承担连带责任；

六、因借款人违反本合同或借据约定，贷款人有权提前收回尚未到期的贷款，保证人承担连带保证责任；

七、即使主合同被确认无效，所有保证条款仍然有效，保证人仍对债务人应履行的义务承担连带责任；

八、督促借款人履行合同，当借款人发生贷款挪用或其他影响贷款偿还的情况时，及时报告贷款人；本合同的某条款或某条款的部分内容在现在是或将来成为无效，该条款或该无效部分并不影响本合同其他条款或该条款其他内容的有效性。

九、保证人同意，保证人承担保证责任所应支付的一切款项（含本金、利息及其他费用），可由贷款人（或商请其他行、社）在保证人的任何账户内扣收。

十、保证人申明：

（一）保证人是依法成立的法人、其他组织或具有完全民事行为能力的自然人，具有签订和履行本合同所必需的民事权利能力和行为能力，能独立承担民事责任。

（二）保证人自愿为主合同债务人提供担保，其在本合同项下的全部意思表示是真实的。

（三）保证人提供的与主合同有关的一切文件、报表及陈述均是合法、真实、准确、完整的，除已向债权人书面披露的情形外，保证人没有可能影响本合同履行的其他任何重大负债（包括或有负债）、重大违约行为、重大诉讼、重大仲裁事项或其他影响其资产的重大事宜未向债权人披露。

第五条　贷款人的权利和义务

一、在借款人履行本合同约定义务的前提下，按第二条的规定向借款人提供贷款；

二、贷款人有权了解借款人的生产经营、财务活动、物资库存和贷款的使用等情况，要求借款人按期提供报表等文件、资料和信息；

三、按照本合同约定收回或提前收回贷款的本金、利息、罚息、逾期利息、复息和其他借款人应付费用时，贷款人均可直接从借款人和保证人任何账

户中划收，并有权商请其他开户银行（社）代为扣款清偿，或通过法律程序要求借款人或保证人提前归还贷款。

第六条　借款人因特殊情况需要提前归还贷款的，须征得贷款人的同意。

第七条　违约责任

一、借款人违约

（一）不按期归还借款本金又未获准展期。从逾期之日起按逾期贷款罚息利率计收利息（逾期贷款罚息利率按合同利率加收____% 计算）；若贷款展期后逾期的，从逾期之日起按展期后的利率加收____% 的利率计收利息。

（二）不按合同规定用途使用借款，从未按合同规定用途使用借款之日起按未按合同规定用途使用借款罚息利率计收利息（未按合同规定用途使用借款罚息利率按合同利率加收____% 计算）；若贷款展期后未按合同规定用途使用借款的，从未按合同规定用途使用借款之日起按展期后的利率加收____% 的利率计收利息。

（三）不按期偿付贷款利息，其欠息部分按逾期贷款罚息利率计收利息。

（四）借款人违反本合同任一条款时，贷款人有权停止本合同尚未发放的贷款和提前收回尚未到期的贷款，保证人承担连带保证责任。

二、保证人违约

保证人不履行约定义务，应承担相应的违约责任，并赔偿由此给贷款人造成的损失。

三、贷款人违约

在借款人履行本合同约定义务且按照贷款人要求办妥贷款保证担保的前提下，贷款人不能按本合同第一条向借款人提供贷款时，按违约数额和延期天数处以日利率万分之________的违约金。

第八条　因借款人违约致使贷款人采取诉讼方式实现债权的，借款人或保证人应当承担贷款人为此支付的律师费、差旅费及其他实现债权的费用。

第九条　贷款人向联保小组成员发出的有关本合同的通信，以本合同载明的通信地为送达目的地。若需变更通信地址，应当及时书面通知贷款人；否则，造成因通信不能送达或送达不到的，在发出通信后即视为送达。

第十条　凡债权人就本合同给予保证人的任何通知、要求或其他通信，包括但不限于电传、电报、传真等函件，一经发出即视为送达；邮政信函于挂号邮寄之日起第七日即视为送达；若派人专程送达，则将收件人签收日视为送达日。

第十一条　本合同发生纠纷，由贷款人住所地人民法院管辖。

第十二条　其他约定事项

____

____

第十三条合同未尽事宜，遵照国家有关法律、法规和规章办理。

第十四条本合同一式份，联保小组成员各持一份，贷款人持一份。本合同自各方签字或盖章之日起生效。

第十五条　特别声明

一、联保小组成员违反本合同有关条款，逃避贷款人监督、恶意拖欠贷款本金及利息等行为时，贷款人有权将该行为向有关单位通报，并在新闻媒体上公告。

二、贷款人已提请联保小组成员（借款人、保证人）注意对本合同各印就条款作全面、准确的理解，并应联保小组成员（借款人、保证人）的要求做了相应的条款说明。签约各方对本合同的含义认识一致。

<table>
<tr><td colspan="2">联保小组成员</td></tr>
<tr><td>成员名称：（签章）
证件号码：
联系电话：
（住所）地址：
最高贷款限额：
法定代表人（负责人）：（签字或盖章）
或授权委托人：（签字或盖章）
身份证号码：</td><td>成员名称：（签章）
证件号码：
联系电话：
（住所）地址：
最高贷款限额：
法定代表人（负责人）：（签字或盖章）
或授权委托人：（签字或盖章）
身份证号码：</td></tr>
<tr><td>成员名称：（签章）
证件号码：
联系电话：
（住所）地址：
最高贷款限额：
法定代表人（负责人）：（签字或盖章）
或授权委托人：（签字或盖章）
身份证号码：</td><td>成员名称：（签章）
证件号码：
联系电话：
（住所）地址：
最高贷款限额：
法定代表人（负责人）：（签字或盖章）
或授权委托人：（签字或盖章）
身份证号码：</td></tr>
</table>

成员名称：（签章） 证件号码： 联系电话： （住所）地址： 最高贷款限额： 法定代表人（负责人）：（签字或盖章） 或授权委托人：（签字或盖章） 身份证号码：	成员名称：（打印）（签章） 证件号码：（打印） 联系电话：（打印） （住所）地址：（打印） 最高贷款限额：（大写） 法定代表人（负责人）：（签字或盖章） 或授权委托人：（签字或盖章） 身份证号码：
成员名称：（打印）（签章） 证件号码：（打印） 联系电话：（打印） （住所）地址：（打印） 最高贷款限额：（大写） 法定代表人（负责人）：（签字或盖章） 或授权委托人：（签字或盖章） 身份证号码：	贷款人：（公章） 负责人：（签字或盖章） 或授权委托人：（签字或盖章）

签约时间：____年____月____日

签约地点：________________

2.6.4 农户联保贷款申请表

中国邮政储蓄银行“好借好还”农户联保贷款额度申请表

<table>
<tr><td colspan="19">一、组长客户信息</td></tr>
<tr><td>姓 名</td><td colspan="3"></td><td colspan="3">性 别</td><td colspan="3">□男 □女</td><td colspan="3">证件类型</td><td colspan="6">□居民身份证 □户口簿</td></tr>
<tr><td>证件号码</td><td></td><td></td><td></td><td></td><td></td><td></td><td></td><td></td><td></td><td></td><td></td><td></td><td></td><td></td><td></td><td></td><td></td><td></td></tr>
<tr><td>居住地址</td><td colspan="12"></td><td colspan="3">联系电话</td><td colspan="3"></td></tr>
<tr><td colspan="19">二、小组成员 1 客户信息</td></tr>
<tr><td>姓 名</td><td colspan="3"></td><td colspan="3">性 别</td><td colspan="3">□男 □女</td><td colspan="3">证件类型</td><td colspan="6">□居民身份证 □户口簿</td></tr>
<tr><td>证件号码</td><td></td><td></td><td></td><td></td><td></td><td></td><td></td><td></td><td></td><td></td><td></td><td></td><td></td><td></td><td></td><td></td><td></td><td></td></tr>
<tr><td>居住地址</td><td colspan="12"></td><td colspan="3">联系电话</td><td colspan="3"></td></tr>
<tr><td colspan="19">三、小组成员 2 客户信息</td></tr>
<tr><td>姓 名</td><td colspan="3"></td><td colspan="3">性 别</td><td colspan="3">□男 □女</td><td colspan="3">证件类型</td><td colspan="6">□居民身份证 □户口簿</td></tr>
<tr><td>证件号码</td><td></td><td></td><td></td><td></td><td></td><td></td><td></td><td></td><td></td><td></td><td></td><td></td><td></td><td></td><td></td><td></td><td></td><td></td></tr>
</table>

<table>
<tr><td>居住地址</td><td colspan="12"></td><td colspan="3">联系电话</td><td colspan="3"></td></tr>
<tr><td colspan="19">四、小组成员 3 客户信息</td></tr>
<tr><td>姓 名</td><td colspan="3"></td><td colspan="3">性 别</td><td colspan="3">□男 □女</td><td colspan="3">证件类型</td><td colspan="6">□居民身份证 □户口簿</td></tr>
<tr><td>证件号码</td><td></td><td></td><td></td><td></td><td></td><td></td><td></td><td></td><td></td><td></td><td></td><td></td><td></td><td></td><td></td><td></td><td></td><td></td></tr>
<tr><td>居住地址</td><td colspan="12"></td><td colspan="3">联系电话</td><td colspan="3"></td></tr>
<tr><td colspan="19">五、小组成员 4 客户信息</td></tr>
<tr><td>姓 名</td><td colspan="3"></td><td colspan="3">性 别</td><td colspan="3">□男 □女</td><td colspan="3">证件类型</td><td colspan="6">□居民身份证 □户口簿</td></tr>
<tr><td>证件号码</td><td></td><td></td><td></td><td></td><td></td><td></td><td></td><td></td><td></td><td></td><td></td><td></td><td></td><td></td><td></td><td></td><td></td><td></td></tr>
<tr><td>居住地址</td><td colspan="12"></td><td colspan="3">联系电话</td><td colspan="3"></td></tr>
<tr><td colspan="19">六、小组申请额度</td></tr>
<tr><td rowspan="2">申请额度</td><td colspan="12" rowspan="2">人民币（大写） 拾 万 仟 佰圆整</td><td>拾万</td><td>万</td><td>仟</td><td>佰</td><td>拾</td><td>元</td></tr>
<tr><td></td><td></td><td></td><td></td><td>0</td><td>0</td></tr>
<tr><td colspan="19">声明及承诺</td></tr>
</table>

1. 我承诺以上所填信息完全属实，且提供给贵行留存的各项资料复印件属实；

2. 我承诺以上所填信息是我真实意思表达，若由邮政储蓄银行工作人员或其他人员代为填写，是经我授权并认可的；

3. 经贵行审查，本申请不符合规定条件而未予受理，我没有异议；

4. 经贵行审批同意的小组授信额度小于申请的小组额度时，我也接受此授信；

5. 本人授权邮政储蓄银行在本次业务过程中（从业务申请至业务终止），向中国人民银行个人信用信息基础数据库及信贷征信主管部门批准建立的其他个人信用数据库或有关单位、部门及个人查询并留存本人的信用信息，并将本人信用信息提供给上述个人信用数据库，查询获得的信用报告限用于中国人民银行颁布的《个人信用信息基础数据库管理暂行办法》规定用途范围内；

6. 我们承诺各小组成员家庭之间的经济相互独立，且无其他债权债务关系。贷款由借款人用于申请时指定的用途，不在小组成员间转借或集中使用。

小组组长签字：__________　　小组成员 1 签字：________

小组成员 2 签字：________　　小组成员 3 签字：________

小组成员 4 签字：________

年　　月　　日

2.6.5 商户联保贷款申请表

商户联保小额贷款小组额度申请表

<table>
<tr><td colspan="19">一、组长客户信息</td></tr>
<tr><td>姓 名</td><td colspan="3"></td><td colspan="3">性 别</td><td colspan="3">□男 □女</td><td colspan="3">证件类型</td><td colspan="6">□居民身份证 □户口簿</td></tr>
<tr><td>证件号码</td><td></td><td></td><td></td><td></td><td></td><td></td><td></td><td></td><td></td><td></td><td></td><td></td><td></td><td></td><td></td><td></td><td></td><td></td></tr>
<tr><td colspan="3">生产经营地址</td><td colspan="7"></td><td colspan="4">户籍所在地</td><td colspan="5"></td></tr>
<tr><td>经营业务</td><td colspan="18"></td></tr>
<tr><td>营业执照</td><td colspan="7"></td><td colspan="5">生产经营许可证</td><td colspan="6"></td></tr>
<tr><td>住宅电话</td><td colspan="4"></td><td colspan="3">办公电话</td><td colspan="4"></td><td colspan="3">手机</td><td colspan="4"></td></tr>
<tr><td colspan="19">二、小组成员 1 客户信息</td></tr>
<tr><td>姓 名</td><td colspan="3"></td><td colspan="3">性 别</td><td colspan="3">□男 □女</td><td colspan="3">证件类型</td><td colspan="6">□居民身份证 □户口簿</td></tr>
<tr><td>证件号码</td><td></td><td></td><td></td><td></td><td></td><td></td><td></td><td></td><td></td><td></td><td></td><td></td><td></td><td></td><td></td><td></td><td></td><td></td></tr>
<tr><td colspan="3">生产经营地址</td><td colspan="7"></td><td colspan="4">户籍所在地</td><td colspan="5"></td></tr>
<tr><td>经营业务</td><td colspan="18"></td></tr>
<tr><td>营业执照</td><td colspan="7"></td><td colspan="5">生产经营许可证</td><td colspan="6"></td></tr>
<tr><td>住宅电话</td><td colspan="4"></td><td colspan="3">办公电话</td><td colspan="4"></td><td colspan="3">手机</td><td colspan="4"></td></tr>
<tr><td colspan="19">三、小组成员 2 客户信息</td></tr>
<tr><td>姓 名</td><td colspan="3"></td><td colspan="3">性 别</td><td colspan="3">□男 □女</td><td colspan="3">证件类型</td><td colspan="6">□居民身份证 □户口簿</td></tr>
<tr><td>证件号码</td><td></td><td></td><td></td><td></td><td></td><td></td><td></td><td></td><td></td><td></td><td></td><td></td><td></td><td></td><td></td><td></td><td></td><td></td></tr>
<tr><td colspan="3">生产经营地址</td><td colspan="7"></td><td colspan="4">户籍所在地</td><td colspan="5"></td></tr>
<tr><td>经营业务</td><td colspan="18"></td></tr>
<tr><td>营业执照</td><td colspan="7"></td><td colspan="5">生产经营许可证</td><td colspan="6"></td></tr>
<tr><td>住宅电话</td><td colspan="4"></td><td colspan="3">办公电话</td><td colspan="4"></td><td colspan="3">手机</td><td colspan="4"></td></tr>
</table>

<table>
<tr><td colspan="8">四、每个小组成员的申请额度</td></tr>
<tr><td rowspan="2">申请额度</td><td rowspan="2">人民币（大写） 拾 万 仟 佰圆整</td><td>拾万</td><td>万</td><td>仟</td><td>佰</td><td>拾</td><td>元</td></tr>
<tr><td></td><td></td><td></td><td></td><td>0</td><td>0</td></tr>
<tr><td colspan="8">声明及承诺</td></tr>
<tr><td colspan="8">1. 我承诺以上所填信息完全属实，且按规定报送贵行留存的资料复印件属实。
2. 我承诺以上所填信息是我真实意思表达，若由邮政储蓄银行工作人员或其他人员代为填写，是经我授权并认可的。
3. 经贵行审查本申请不符合规定条件而未予受理，我没有异议。
4. 经贵行审批同意的小组授信额度小于申请的额度时，我也接受此授信。
组长签字：______ 小组成员 1 签字：______ 小组成员 2 签字：______
年 月 日 年 月 日 年 月 日</td></tr>
</table>

3 农户保证贷款

保证贷款指贷款人按《担保法》规定的保证方式以第三人承诺在借款人不能偿还贷款本息时，按规定承担连带责任而发放的贷款。保证人为借款提供的贷款担保为不可撤销的全额连带责任保证，也就是指贷款合同内规定的贷款本息和由贷款合同引起的相关费用。保证人还必须承担由贷款合同引发的所有连带民事责任。目前，开办农户保证贷款的主要是中国邮政储蓄银行。

3.1 申请条件

申请邮政储蓄银行农户小额保证贷款的条件是：

（1）申请人年龄 18~60 周岁，身体健康，具有当地户口或者在当地居住满 1 年；有工商部门颁发并年检合格的营业执照；正常经营满 3 个月以上；主要经营场所在市（县）区范围内。

（2）担保条件：贷款金额为 1 万元以下（不含），只需要找一位担保人，且须为国家公务员，事业单位、大中型企业正式职工或老师、医生等收入相对稳定的人群。贷款金额为 1 万元至 10 万元，需要找两位担保人，其中一位必须为国家公务员，事业单位、大中型企业正式职工或老师、医生等收入相对稳定的人群，另一位担保人必须有固定的职业或稳定的收入。

（3）需提交的材料：申请人和担保人身份证原件及复印件；担保人个

人经济收入证明；工商部门颁发并年检合格的营业执照原件及复印件；邮政储蓄银行要求提供的其他材料。

（4）贷款办理流程：寻找担保人—网点申请—提交资料—填写申请表—接受调查—等待审批—签订贷款合同—发放贷款。

针对商户的保证贷款，对商户的有关需求是：

（1）必须是经工商行政管理部门核准注册，并按规定办理纳税登记和年检手续的企事业法人；

（2）产品有市场，生产经营有效益，不挤占挪用信贷资金，恪守信用；

（3）有按期还本付息能力，原应付贷款本息和到期贷款已清偿；按银行企业信用等级评定标准核定，原则上信用等级必须为 A 级（含）以上；

（4）已在银行开立基本账户或一般存款账户；

（5）除国务院规定外，有限责任公司和股份有限公司对外权益性投资累计额未超过其净资产总额的 50%；

（6）借款人的经营和财务制度健全，主要经济和财务指标符合银行的要求；

（7）申请中长期贷款的项目必须经国家主管部门批准，新建项目的企业法人所有者权益与项目总投资的比例不低于国家规定占项目资本金比例。

3.2 农户保证贷款的特点

保证贷款最大优点是放款快，有的地方最快两天就能放款，最慢的从申请到审批下来大概一周时间，银行会把钱打到农户在邮政储蓄银行开通的活期账户里。具体来讲，特点主要有：

（1）手续简便、放款快，一般不需办理有关登记评估等手续；

（2）保证人可选择一个或多个；

（3）保证人愿意长期作保的，可签订最高额保证借款合同，最高额保证期限内，不再办理相关的保证手续。

3.3 贷款额度

农户保证贷款额度一般为1万 ~5 万元，贷款期限为 36 个月。贷款金额1万元以下只需 1 个担保人，1 万元以上需要两个担保人但不需要任何抵押。

农户中的商户贷款最高可贷 10 万元。

各地各金融机构的额度会有所差别，想贷款的农户可以向银行咨询，例如，可拨打邮政储蓄银行的客服电话“95580”询问。

3.4 注意事项

3.4.1 保证人需注意清偿能力

实践中，农户保证贷款在保证人方面暴露了一些问题，主要就是保证人不具备代为清偿债务的能力。其主要成因：

一是保证人在自身借了一定数额的贷款后，又为他人保证借款，或者是先后为多个债务人作保证，所借贷款数额较大，严重超过了自身偿还和为债务人代为清偿债务的能力。

二是保证人为家庭成员或一个利益共同体内的成员作借款保证。如夫为妻保证、父为子保证、母为子保证、生产经营组和经济联合体或单位负责人为内部多个成员保证。这些借款绝大多数是用于同一个生产经营项目，借款人与保证人之间有着利益共享、风险共担的关系，当生产或经营出现风险损失时，借款人和保证人将遭受同样的损失，使借款人和保证人的偿债能力同时削弱，甚至完全丧失偿债能力。

3.4.2 贷款保证人的责任承担问题

由于一般保证的保证人承担单方性、无偿性的法律责任，故对保证人尽了义务而债权人怠于行使权利的情况，应该免除保证人一定范围内的保证责任。即使保证人在贷款合同履行期满后，向商业银行提供了可供执行财产的真实情况，银行放弃或者怠于行使追偿权利而致使该财产不能执行的，保证人也可以请求法院在其提供执行财产的实际价值范围内免除保证责任。

保证存续的基础是保证人对债务人的信任,因而一旦发生债务人变动时，保证人一般不再为该债务承担保证责任，如果贷款合同发生变更，又未获得保证人书面同意时，保证人也不应为此承担责任。《担保法》第二十四条明确了这一点。但《担保法》司法解释的一些规定已突破了这些法理，表现在：保证期间债权人与债务人对主合同的数量、价款、币种和利率等内容作了变动未经保证人同意的，如果减轻债务人的债务的，保证人仍应当对变更后的合同承担保证责任；如果加重债务人的债务的，保证人对加重的部分不承担保证责任；债权人与债务人对主合同履行期限作了变动未经保证人书面同意的，保证期间为原合同约定的或法律规定的期间，债权人与债务人协议变更主合同内容但未实际履行的,保证人仍应当承担保证责任。这说明保证债权的安全已成为《担保法》的首要价值取向，保证人对其承担的保证义务负责，而不论合同内容是否已改变。

在商业银行与借款人的贷款活动中，常常有协议以新贷还旧贷的情况发生。在此活动中，保证人是否还承担保证责任呢？基于主合同主要内容变更，保证人不再承担责任的原理，以新贷偿还旧贷属于合同变更，保证人除该变更协议知道并应当知道外，不承担民事责任，但如果旧贷的保证人又为新贷作保的话，那么保证人的责任不能免除。

在企业破产中,破产企业最大的债权人是包括商业银行在内的金融机构，虽然银行为了防范金融风险，一般都采用担保贷款，但在贷款保证中，商业银行知道或应当知道借款人破产后，如果不及时申报债权并告知保证人，那么保证人将在该债权破产程序中可能受偿范围内免除保证责任，银行不能向保证人追偿，只能自己承受不良债权。

3.4.3 保证责任期间的问题

贷款保证应当是有期限的，这个期限就是保证期间。在贷款担保合同中，当事人对贷款保证期间的约定非常复杂，因而在保证期间应注意几个问题：

第一，保证期间是除斥期间。所谓除斥期间，是指法律预定的某种权利存续的期间，当期间届满时该权利消灭。除斥期间为不变期间，不因任何事由而中止、中断和延长，保证期间是债权人要求保证人承担保证责任的权利存续期间，因而，《担保法》所规定的保证期间属于除斥期间。由于保证责任不同于一般民事责任，保证人实际上是为他人承担责任，因此法律有必要设立不变期间加以限制，防止保证人无限期承担保证责任。在保证期间届满时，债权人没有及时行使权利，则要求保证人承担保证责任的实体权利归于消灭，保证人免除保证责任。

第二，约定保证期间超过诉讼时效期间问题。目前法律并未限制保证期间的结束点，如果约定的保证期间长于诉讼时效期间，因债权人已对债务人失去胜诉权，再要求保证人承担保证责任，有悖于法理，但保证人的保证行为已经成立，不能因此完全免责，应当以约定不明处理。

第三，约定保证期间早于或等于贷款履行期间的问题。对于这种情况，应当视为当事人没有约定，保证期间为法定期间，即为贷款债务履行期间届满之日起六个月。

第四，约定保证期间为保证人承担保证责任直至贷款债务本息还清时为止等类似内容的问题。这种约定的意思是清楚的，但没有明确的保证期间，这与设立保证期间的立法意图相悖，因此应认为无效，视为约定不明，保证期间为贷款债务履行期间届满之日起两年。

3.4.4 其他法律问题

保证贷款合同纠纷应当按照《担保法》及相关法律法规、司法解释处理。

（1）关于主体问题。保证贷款合同签订时应当特别注意保证人的资格问题，《担保法》第七条、第八条、第九条、第十条专门规定了哪些人可以做保证人，哪些人不可以做保证人。一般而言，具有社会公益性质的主体及不能独立承担民事责任的主体不得担任保证人。

（2）保证合同的签订。签订保证合同在实践中大致有下列方式：保证人与贷款人专门签订书面保证合同；保证人在借贷合同上签字或者盖章表示愿意承担保证责任；保证人单独向贷款人出具书面的证书。

（3）保证人的责任。保证可以分为一般保证和连带责任保证。

4 农村个人生产经营贷款

农村个人生产经营贷款是指对农户家庭内单个成员发放的，用以满足其从事规模化生产经营资金需求的大额贷款。目前主要由中国农业银行以及农村信用合作社发放，农户可以自行向当地金融机构咨询、申请。以下以中国农业银行为例对其进行说明。

4.1 贷款特色

一、贷款方式灵活。农户在满足条件的情况下，可采用保证、抵押、质押、农户联保等多种方式申请贷款。

二、用款方式灵活。根据用款方式不同，农村个人生产经营贷款分为自助可循环方式和一般方式。自助可循环方式下，在核定的最高额度和期限内，借款人可随借随还，通过自助借款方式提款、还款；一般方式下，银行对借款人实行一次性放款，一次或分次收回。具体用款方式由借款人与银行协商决定。

三、节省利息。自助可循环方式下，农村个人生产经营贷款按照贷款的实际使用天数计息，可最大限度地减少借款人的利息支出。

4.2 办理流程

由借款人提出申请并提交银行规定的相应材料，其资质由银行调查审查，银行审批通过后，与借款人签订合同。

4.3 申请条件

农村个人生产经营贷款的发放对象是具备以下条件的农户：

（1）年龄在 18 周岁以上（含），且申请借款时年龄和借款期限之和

最长不超过60年（含），在农村区域有固定住所，身体健康，具有完全民事行为能力和劳动能力，持有有效身份证件。

（2）根据《中国农业银行“三农”客户信用等级评定管理办法》，客户的信用等级评级结果为良好级及以上；

（3）收入来源稳定，具备按期偿还贷款的能力；

（4）从事的生产经营活动合规合法，符合国家产业、行业、环保政策；

（5）须提供合法、有效、足值的担保；

（6）借款人及其配偶信用记录良好，申请贷款时不存在到期未还的逾期贷款和信用卡恶意透支，且最近24个月内不存在连续90天（含）以上或累计6期以上的逾期记录。

4.4 需提交资料

（1）借款人有效身份证明的原件及复印件；

（2）涉及保证担保的，需提供担保方同意担保的证明文件；涉及抵押和质押担保的，需提供抵押物或质押权利的权属证明文件以及有处分权人同意抵（质）押的书面证明；

（3）已领取营业执照的借款人，需提供经年检合格的营业执照，从事许可证经营的，应提供相关行政主管部门的经营许可证原件及复印件；

（4）贷款人要求的其他材料。

4.5 农村个人生产经营贷款的期限、利率和额度

采用一般用款方式的农村个人生产经营贷款，原则上不超过3年，对于从事林果业等生产周期较长的生产经营活动的，最长可延长至8年。

采用自助可循环方式的农村个人生产经营贷款，授信期限最长不超过3年，额度内的单笔借款期限一般不超过1年，且到期日不能超过额度有效期后6个月。

农村个人生产经营贷款单户额度起点为5万元（不含），单户余额最高不超过100万元（含），其中采取自助可循环方式的单户余额最高不超过50万元（含）。农村个人生产经营贷款的具体利率各地不同，需要农户自行咨询，对诚实守约的客户，农村金融机构将考虑给予一定利率优惠。

4.6 自助借款方式

自助借款方式指借款人以合同约定的银行卡作为借款提取与偿还的结算工具，通过相应银行的营业柜台、自助银行（含自动取款机、存取款一体机、自助服务终端、转账电话等自助银行设备）、网上银行、电话银行、手机

银行等自助借款渠道，经密码验证，依据提示实施操作，完成借款和还款。

除银行通过营业网点或网站等途径另行公告通知外，自助银行渠道对借款人自动开通；网上银行、电话银行、手机银行由借款人另行申请、经相应银行确认后开通。合同生效后，自助借款渠道的变动以相应银行的公告或通知为准；银行增加其他自助借款渠道的，除需要借款人另作申请的外，将对借款人自动开通。

5 县域工薪人员消费贷款

县域工薪人员消费贷款是中国农业银行向符合条件的县域党政机关、财政统发工资的事业单位、优势行业企业单位及总分行级核心优良客户正式在职职工发放的，以其工资性收入作为主要还款来源，具有特定消费用途的人民币贷款业务。以下以中国农业银行为例对其进行说明

5.1 贷款特点

一、可以发放信用贷款。只要符合规定条件，银行可给予客户发放信用贷款。

二、贷款方式灵活。除信用方式外，还可采取抵押、质押、自然人保证及公司保证担保，既可单独使用，也可组合使用，方式灵活，选择多样。

三、贷款用途广泛。贷款可广泛用于购车、装修房屋、出国留学和旅游等各类合法消费用途。

5.2 贷款流程

县域工薪人员消费贷款由借款人提出申请并提交相应银行所规定必须要提交的材料，接受银行的调查审查，银行审批通过后，与借款人签订合同。

5.3 申请条件

县域工薪人员消费贷款的借款人，为县域党政机关或财政统发工资的事业单位，及金融、烟草、邮政、通信、石油、电力、铁路、公路、航空、城市供水供气等优势行业企业单位、总分行级核心优良客户的正式在职职工。须同时具备以下条件：

（1）年龄在18周岁（含）以上，60周岁（含）以下，具有完全民事行为能力，持有合法有效身份证件，在当地有固定住所。

（2）申请贷款时不存在到期未还的逾期贷款和信用卡恶意透支，最近24个月内不存在连续90天（含）以上或累计180天（含）以上的逾期记录，能够说明合理原因的除外。

（3）在现单位工作1年（含）以上，具有稳定的收入来源和按期足额偿还贷款本息的能力。

（4）担保贷款需提供贷款人认可的合法、有效、足值的担保。

（5）在中国农业银行开立个人结算账户或银行卡账户。

（6）信用评分达到规定标准。

（7）能够提供符合条件的消费用途证明。

（8）贷款行规定的其他条件。

5.4 信用贷款需具备条件

以信用方式办理县域工薪人员消费贷款的借款人除满足借款人基本条件外，还应同时具备如下条件：

（1）信用评分达到我行规定标准。

（2）在现单位工作2年（含）以上，收入稳定，税后年收入在30000元（含）以上。

（3）符合如下最低职务条件：县域党政机关股级（含）以上管理人员；省级及以上全日制重点高等院校正式任职讲师及以上；县级具有品牌、师资、生源优势且负债水平适度、财务管理规范的公办中小学，中级及以上职称的教师；二级乙等及以上，或综合收入达到一定规模、在当地具有相对领先优势的公立县级医院主治医师及以上；优势行业企业单位、总分行级核心优良客户及其他事业单位股级（含）或中层以上管理人员。

5.5 需提交材料

客户首次申请贷款应填写《中国农业银行个人信贷业务申请表》，并提供如下材料：

（1）借款人、配偶有效身份证明，婚姻状况证明。

（2）正式在职职工相关证明材料。

（3）有效收入证明或能够证明借款人收入和还款能力的相关材料。

（4）借款人个人征信业务授权资料。

（5）个人信用评级所需的相关材料。

（6）用途证明或用途声明。

（7）担保资料。

（8）贷款行要求提供的其他材料。

5.6 贷款表格

5.6.1 个人信贷业务申请表

ABC(2010)5012

中国农业银行
AGRICULTURAL BANK OF CHINA

个人信贷业务申请表

中国农业银行　　　　　　　　　支行　　　　　　　　　　　　　　　　　编号：

申请人基本情况					
姓　　名		性　　别	□男　□女	国籍：□中国　□其他 ______	出生年月：______年_____月
婚姻状况	□已婚　□未婚　□其他_____		证件种类：□身份证　□护照　□军人证　□其他 ______		证件号码：__________
文化程度	□研究生及以上　□本科　□大专　□中专/高中　□初中　□其他 _____				
现居住地址：__________________邮编：________				户籍所在地：______________，本地居住时间：___年	
现住房来源：□自有有贷_____平米　□自有无贷_____平米　□单位宿舍　□与父母同住　□租住　月租金_____元　□其他 ________					
工作单位				现单位工作年限____年，前单位工作年限____　年	
职务：1、□厅/局级及以上　□处级　□科级　□科员　□其他_______　2、□总经理/总裁　□部门经理　□一般职员　□其他 ________					
所投资或经营企业名称：______________________________				持股比例：___%，本行业和相近行业经营年限___年	
单位地址				邮编：________	单位电话：__________
通信地址	□现居住地址　□单位地址　□其他___________________________邮编：__________				
家庭电话		手机		电子邮件	
本笔贷款有无其他共同申请人：□有□无			其他共同申请人姓名	与申请人关系：□父子　□母子　□其他 ______	
申请人配偶基本情况					
配偶姓名				国籍：□中国　□其他______	出生年月：______年_____月
证件名称	□身份证　□护照　□军人证　□其他__________			证件号码	
文化程度：□研究生及以上　□本科　□大专　□中专/高中　□初中　□其他______				户籍所在地：__________，本地居住时间：___年	
工作单位：__________________________单位电话：________				现单位工作年限____年，前单位工作年限____　年	
职务：1、□厅/局级及以上　□处级　□科级　□科员　□其他_______　2、□总经理/总裁　□部门经理　□一般职员　□其他 ________					
所投资或经营企业名称：______________________________				持股比例：___%，本行业和相近行业经营年限___年	
单位地址：______________________，邮编：________				手机：	电子邮件：__________
申请人家庭收支情况					
家庭月总收入：________元	申请人月薪金收入：_______元，月经营性收入：______元，其他月收入：______元				
	申请人配偶月薪金收入：_______元，月经营性收入：______元，其他月收入：______元				
家庭月债务总支出：______元	申请人月还贷支出：_______元		申请人配偶月还贷支出：______元	家庭其他月债务支出：_____元	
家庭供养人口：________人	家庭对外担保总额：_______元				
申请贷款情况					
贷款用途	□购房　□归还购买房屋时的借款　□购车　□住房装修　□经营　□购买大额耐用消费品　□旅游　□留学　□其他_______				
贷款品种		贷款金额	万元	其中保证贷款金额：_____万元；信用贷款金额：______万元	
贷款利率	□浮动利率　□固定利率　□混合利率（固定期 _____个月+浮动期 ______个月）				贷款期限：__________个月
还款方式	□利随本清　□等额本金　□等额本息　□其他 ______________				还款周期：__________个月
是否申请循环额度：□是　□否		循环额度：________万元		额度有效期：________个月	
是否申请自助循环额度：□是　□否		自助循环额度：________万元			
申请个人购房贷款时填写右侧内容：是否公积金组合贷款：□是　□否；其中：公积金贷款金额：________万元					

原贷款银行				贷款初始金额：______万元	贷款尚存余额：______万元
担保情况					
□以贷款所购房屋设定抵押	售房人名称			电话：______	出租状态：□出租□未出租
	房屋坐落			房屋性质：□住房 □商住房 □商用房 □车位	
	房地权利证书编号				房屋建筑面积：______平米
	购房合同号：______	房屋总价款：______万元，首付款______万元			购房目的：□自住 □投资
□以右侧所述房屋设定抵押	抵押人姓名		证件名称及号码：______		联系电话：______
	房屋坐落			房屋性质：□住房 □商住房 □商用房 □车位	
	房地权利证书编号				房屋建筑面积：______平米
□以右侧所述房屋设定抵押	抵押人姓名		证件名称及号码：______		联系电话：______
	房屋坐落			房屋性质：□住房 □商住房 □商用房 □车位	
	房地权利证书编号				房屋建筑面积：______平米
□以贷款所购车辆设定抵押	车辆品牌		车辆总价	万元	车辆首付款：______万元
□其他抵押	抵押人姓名		证件名称及号码：______		联系电话：______
	抵押物名称		抵押物评估价	万元	
□质押	出质人姓名		联系电话		质押物名称：______价值：______元
□质押	出质人姓名		联系电话		质押物名称：______价值：______元
□法人保证	法人名称			担保类型：□全程担保 □阶段性担保	
	通信地址：______，邮编：______				联系电话：______
其他金融业务办理意向表					
本人愿意向贵行申请以下金融业务：					
□借记卡 □贷记卡 □网上银行 □电话银行 □手机银行 □消息服务					
□自动转账 □个人资金归集 □双利丰 □聪明账 □基金 □基金定投 □国债 □保险					
			申请人签字：	日期： 年 月 日	
申请人（及配偶）、共同申请人（及配偶）、抵质押人（及共有人）、保证人在此声明：1. 本人承诺上述各项资料属实，且随本申请表报送的资料复印件可留存贵行作为备查凭证。**本人知道所有提供的信息将经过贵行调查核实，如资料不实，本人愿承担相应法律责任。2. 本人知悉并理解本人申请的贷款金额、期限、利率等贷款条件可能与贵行审批结果不一致，同意贷款条件以贵行最终审批结果为准。3. 本人在此不可撤销地授权贵行：**贵行在审核本人或配偶贷款申请、在审核本人或配偶作为担保人和进行相关风险管理中，可根据国家相关法律法规及业务办理需要向中国人民银行个人信用信息基础数据库或其他数据信息系统查询、打印、保存和使用本人或配偶的个人信息和信用报告；贵行可按照有关规定向中国人民银行个人信用信息基础数据库或其他数据信息系统提供本人或配偶基本信息和银行业务信息。					
（共同）申请人及配偶签字		抵/质押人（共有人）签字		法人保证人签章	
				法人保证人盖章	

5.6.2 个人信贷业务申请表担保情况附表

中国农业银行 AGRICULTURAL BANK OF CHINA　　金钥匙 GOLDEN KEY 好时贷 贷来美好生活

个人信贷业务申请表担保情况附表

本附表是编号为______的《个人信贷业务申请表》不可分割的组成部分，与该申请表共同用于申请人向中国农业银行申请办理个人信贷业务。					
□以右侧所述房屋设定抵押	抵押人姓名		证件名称及号码：______		联系电话：______
	房屋坐落			房屋性质：□住房 □商住房 □商用房 □车位	
	房地权利证书编号				房屋建筑面积：______平米

□以右侧所述房屋设定抵押	抵押人姓名		证件名称及号码:________________		联系电话:__________
	房屋坐落			房屋性质:□住房 □商住房 □商用房 □车位	
	房地权利证书编号				房屋建筑面积:________平米
□其他抵押	抵押人姓名		抵押人证件名称	抵押人证件号码	
	抵押物名称			抵押物评估价	万元
□质押	出质人姓名		联系电话	质押物名称:______________价值:______元	
□质押	出质人姓名		联系电话	质押物名称:______________价值:______元	
□法人保证	法人名称			担保类型: □全程担保 □阶段性担保	
	通信地址:________________________________,邮编:__________				联系电话:__________
□法人保证	法人名称			担保类型: □全程担保 □阶段性担保	
	通信地址:________________________________,邮编:__________				联系电话:__________
申请人(及配偶)、共同申请人(及配偶)、抵质押人(及共有人)、保证人在此声明:1. 本人承诺上述各项资料属实,且随本申请表报送的资料复印件可留存贵行作为备查凭证。本人知道所有提供的信息将经过贵行调查核实,如资料不实,本人愿承担相应法律责任。2. 本人知悉并理解本人申请的贷款金额、期限、利率等贷款条件可能与贵行审批结果不一致,同意贷款条件以贵行最终审批结果为准,且在贷款最终未通过贵行审批时,无异议。3. 本人在此不可撤销地授权贵行:贵行在审核本人或配偶贷款申请、在审核本人或配偶作为担保人和进行相关风险管理中,可根据国家相关法律法规及业务办理需要向中国人民银行个人信用信息基础数据库或其他数据信息系统查询、打印、保存和使用本人或配偶的个人信息和信用报告;贵行可按照有关规定向中国人民银行个人信用信息基础数据库或其他数据信息系统提供本人或配偶基本信息和银行业务信息。					
(共同)申请人及配偶签字		抵/质押人(共有人)签字		保证人签章	
				法人保证人盖章	

5.6.3 个人信贷业务自然人保证人情况表

中国农业银行 AGRICULTURAL BANK OF CHINA　　金钥匙 GOLDEN KEY | 好时贷 贷来美好生活

个人信贷业务自然人保证人情况表

本附表是编号为________________的《个人信贷业务申请表》不可分割的组成部分,与该申请表共同用于申请人向中国农业银行申请办理个人信贷业务。

保证人基本情况							
姓　名		性　别	□男 □女	国籍:□中国 □其他 ________		出生年月:________年_____月	
婚姻状况	□已婚 □未婚 □其他_____		证件种类:□身份证 □护照 □军人证 □其他 ________			证件号码:______________	
文化程度:□研究生及以上 □本科 □大专 □中专/高中 □初中 □其他 _____							
现居住地址:______________________邮编:__________				户籍所在地:________________,本地居住时间:______年			
现住房来源:□自有有贷_____平米 □自有无贷_____平米 □单位宿舍 □与父母同住 □租住 月租金_____元 □其他							
工作单位					现单位工作年限____年,前单位工作年限____年		
职务:1、□厅/局级及以上 □处级 □科级 □科员 □其他_______ 2、□总经理/总裁 □部门经理 □一般职员 □其他 ________							
所投资或经营企业名称:______________________________					持股比例:___%,本行业和相近行业经营年限___年		
单位地址						邮编	
通信地址	□现居住地址 □单位地址 □其他______________________________邮编:__________						
家庭电话		手机		单位电话		电子邮件:______________	
保证人家庭收支情况							
家庭月总收入:_________元		保证人月薪金收入:________元,月经营性收入:_______元,其他月收入:_______元					
		保证人配偶月薪金收入:________元,月经营性收入:_______元,其他月收入:_______元					
家庭月债务总支出:_______元		保证人月还贷支出:________元		保证人配偶月还贷支出:______元		家庭其他月债务支出:_____元	
家庭供养人口:_________人		家庭对外担保总额:________元					

申请人（及配偶）、保证人在此声明：1.本人承诺上述各项资料属实，且随本申请表报送的资料复印件可留存贵行作为备查凭证。本人知道所有提供的信息将经过贵行调查核实，如资料不实，本人愿承担相应法律责任。2.本人知悉并理解本人申请的贷款金额、期限、利率等贷款条件可能与贵行审批结果不一致，同意贷款条件以贵行最终审批结果为准，且在贷款最终未通过贵行审批时，无异议。3.本人在此不可撤销地授权贵行：贵行在审核本人或配偶贷款申请、在审核本人或配偶作为担保人和进行相关风险管理中，可根据国家相关法律法规及业务办理需要向中国人民银行个人信用信息基础数据库或其他数据信息系统查询、打印、保存和使用本人或配偶的个人信息和信用报告；贵行可按照有关规定向中国人民银行个人信用信息基础数据库或其他数据信息系统提供本人或配偶基本信息和银行业务信息。	
申请人及配偶签字	保证人签字

5.7 县域工薪人员消费贷款的期限、利率和额度

县域工薪人员消费贷款期限根据客户还款能力、收入水平相匹配原则确定，一般不超过3年（含），最长不超过5年（含）。县域工薪人员消费贷款的额度与借款人工资性收入挂钩，并结合担保方式的风险程度确定，无最高额度的限制。具体开办的业务种类及办理程序、办理条件等以中国农业银行当地分行有关规定为准。

6　农机购置补贴贷款

农机购置补贴是由农业部和财政部发起的，为加快农机化发展方式转变，调动农民购买和使用农机的积极性，在全国范围内向纳入实施范围并符合补贴条件的农牧渔民、农场（林场）职工、农民合作社和从事农机作业的农业生产经营组织提供的，用于购置和更新规定品目农业机具的补贴。农机购置补贴贷款是指由中国邮政储蓄银行向符合国家补贴条件的农户、农业生产经营组织提供的农业机械购置贷款。

6.1 申请资格

（1）借款人信用观念强，资信状况良好，无不良社会和商业信用记录。

（2）借款人年龄在20周岁（含20周岁）至60周岁（含60周岁），具有当地户口或在当地连续居住1年以上，拥有自有固定住所。

（3）借款人无赌博、吸毒、酗酒等不良行为。

（4）常住地址在经办行的有效经营地域范围内。

6.2 贷款额度

单笔金额最高50万元，详情需咨询当地分支机构。

6.3 贷款期限

贷款期限最长24个月。

6.4 还款方式

一、等额本息还款法，贷款期限内每期以相等的金额偿还贷款本息；

二、阶段性等额本息还款法，贷款宽限期内只偿还贷款利息，超过宽

限期后按照等额本息还款法偿还贷款；

三、按周期付息，到期一次性还本。贷款期限内，每周期偿还利息，贷款到期后，偿还贷款本金；

四、一次性还本付息法，贷款到期日一次性归还贷款本息。

6.5 贷款担保

贷款可采用的担保方式包括：三人及三人以下联保，自然人保证和抵质押担保。

6.6 办理流程

农机购置补贴贷款可在当地所有具备信贷功能的邮政储蓄银行网点办理。最快 2 个工作日出具审批意见。

办理流程为：提交贷款申请→银行调查审批→签订贷款合同→落实贷款担保条件→银行发放贷款→借款申请人按要求还款。

6.7 申请资料

贷款申请人除了应提交一般农户小额贷款的申请资料外，还应提供如下材料：

（1）购机申请表或者申请编号；

（2）农机购置补贴指标确认通知书；

（3）借款申请人开立的用于发放购机补贴款的账户信息；

（4）合作机构提供的客户推荐表；

（5）其他我行认为有必要提供的材料；

（6）办理贷款所需的其他材料。

需要注意的是，罗列的仅为总行的信息，仅作参考，农户申请办理以上业务，需以中国邮政储蓄银行当地分支机构有关规定为准。中国邮政储蓄银行客户服务热线为 95580。

7　家庭农场（专业大户）贷款

家庭农场是指以家庭成员为主要劳动力，从事农业规模化、集约化、商品化生产经营，并以农业收入为家庭主要收入来源的新型农业经营主体。专业大户是指从事种植、养殖业或其他与农业相关的经营服务达到一定规模、专业化生产经营的新型农业经营主体。家庭农场（专业大户）贷款是指由相应银行向家庭农场（专业大户）等新型农业经营主体发放的个人生产经营性贷款。目前中国邮政储蓄银行与农村信用合作社为该贷款的主要

发行银行。

7.1 申请条件

（1）20周岁（含20周岁）至60周岁（含60周岁），具有完全民事行为能力的自然人；

（2）具有当地户口或在当地连续居住1年以上；

（3）必须已婚（含离异、丧偶），家庭成员中有两名（含两名）以上的劳动力；

（4）应从事符合国家产业政策的生产经营活动，且应连续正常经营1年以上（含1年）；

（5）贷款用途正当、合理，有一定的自有资金和经营管理能力，有一定的农业生产经营能力，有稳定的土地供给，有生产经营风险保障机制，有稳定的销售渠道。

7.2 贷款额度

信用贷款单笔金额最高5万元，保证贷款单笔金额最高50万元，抵质押及法人保证贷款单笔金额最高500万元。

7.3 贷款期限

贷款期限最长24个月。

7.4 还款方式

一、等额本息还款法，贷款期限内每期以相等的金额偿还贷款本息；

二、阶段性等额本息还款法，贷款宽限期内只偿还贷款利息，超过宽限期后按照等额本息还款法偿还贷款；

三、按周期付息，到期一次性还本。贷款期限内，每周期偿还利息，贷款到期后，偿还贷款本金；

四、一次性还本付息法，贷款到期日一次性归还贷款本息。

7.5 贷款担保

本产品可采用的担保方式包括：信用，自然人保证，法人保证和抵质押担保。

可在当地所有具备信贷功能的银行网点办理。最快2个工作日出具审批意见。具体流程为：

提交贷款申请→银行调查审批→签订贷款合同→落实贷款担保条件→银行发放贷款→借款申请人按要求还款。

7.6 申请资料

（1）本人及配偶的身份证原件与复印件、婚姻状况证明原件与复印件（结婚证或夫妻户口在一起的户口簿）；

（2）由其他自然人（或法人）为贷款申请人提供保证担保的，担保人应经过银行审核（或准入），并根据银行要求提供相关证明资料；

（3）办理贷款所需的其他材料。

需要注意的是，罗列的信息仅作参考，农户申请办理以上业务，需以相应银行当地分支机构有关规定为准。

8 土地承包经营权贷款

土地承包经营权是通过家庭承包方式取得或招标、拍卖、公开协商等方式取得用于农副产品种养殖（包括林业、畜牧业）的土地承包经营权，且须经依法登记取得土地承包经营权属证明。土地承包经营权贷款即相应银行以土地承包经营权抵押为担保方式向从事与农村经济发展有关的生产经营活动的客户群体发放的、用于满足其生产经营活动资金需求的贷款。目前中国邮政储蓄银行与中国农业银行为该贷款的主要发行银行。

8.1 申请条件

土地承包经营权抵押贷款业务的贷款对象包括农村专业合作社实际控制人、家庭农场主、专业大户、普通农户（包括符合个人商务贷款条件的涉农个商客户）、农民专业合作社法人客户等从事农业生产经营活动的主体。借款人应具备以下条件：

（一）满足借款人所属经营主体相应制度的基本准入标准。

（二）合法取得农村土地承包经营权，其承包经营的剩余期限必须在5年以上，且超过土地附着种养物的2个生产经营周期。

（三）具备专业种养殖经营的成熟技术和相关设施条件，具备有效的市场渠道，且从事种养殖及加工生产经营时间不低于2年。

8.2 贷款额度

额度根据借款人资金需求、还款能力及抵押物的评估价值综合确定。

8.3 贷款期限

贷款期限须符合借款人所属经营主体相应制度的规定。

8.4 还款方式

一、等额本息还款法，贷款期限内每期以相等的金额偿还贷款本息；

二、阶段性等额本息还款法，贷款宽限期内只偿还贷款利息，超过宽限期后按照等额本息还款法偿还贷款；

三、按周期付息，到期一次性还本。贷款期限内，每周期偿还利息，贷款到期后，偿还贷款本金；

四、一次性还本付息法，贷款到期日一次性归还贷款本息。

8.5 办理流程

土地经营承包权贷款担保可以以土地承包经营权为抵押。在当地所有具备信贷功能的银行网点办理，最快2个工作日出具审批意见。具体流程为：

提交贷款申请→银行调查审批→签订贷款合同→落实贷款担保条件→银行发放贷款→借款申请人按要求还款。

8.6 申请资料

（1）本人及配偶的身份证原件与复印件、婚姻状况证明原件与复印件（结婚证或夫妻户口在一起的户口簿）；

（2）抵押土地经营权的权属证明，即农村土地承包经营权证等；对于以转包方式获得土地经营权的，还需提供土地承包经营权流转合同；

（3）办理贷款所需的其他材料。

需要注意的是，罗列的信息仅作参考，农户申请办理以上业务，需以相应银行当地分支机构有关规定为准。

9 再就业小额担保贷款

再就业小额担保贷款是由中国邮政储蓄银行与人力资源与社会保障部门、妇联、共青团、扶贫办、农委等政府部门合作，向遵纪守法、诚实守信、有劳动能力和就业愿望的再就业人员及创业人员发放的贷款，用于扶持其创业、再就业的担保贷款。

9.1 适用对象

（1）18周岁（含18周岁）至60周岁（含60周岁），具有完全民事行为能力的自然人；

（2）具有当地户口或在当地连续居住1年以上；

（3）借款人应连续正常经营3个月以上；

（4）贷款用途正当、合理，有一定的自有资金和经营管理能力。

9.2 贷款额度

贷款单笔金额最高30万元；合伙经营或组织起来就业创业的，单笔金额最高 50 万元。

9.3 贷款期限

贷款期限最长 24 个月。

9.4 还款方式

一、等额本息还款法，贷款期限内每期以相等的金额偿还贷款本息；

二、阶段性等额本息还款法，贷款宽限期内只偿还贷款利息，超过宽限期后按照等额本息还款法偿还贷款；

三、按周期付息，到期一次性还本。贷款期限内，每周期偿还利息，贷款到期后，偿还贷款本金；

四、一次性还本付息法，贷款到期日一次性归还贷款本息。

9.5 办理流程

本产品可采用的担保方式包括：联保、自然人保证、法人保证和抵质押担保。可在当地所有具备信贷功能的中国邮政储蓄银行网点办理，最快 2 个工作日出具审批意见，具体请咨询当地分支机构。具体办理流程为：

向合作机构提交贷款申请→获得合作机构审查审批意见书（或同意推荐书）→向银行提交贷款申请→银行调查审批→签订贷款合同→银行发放贷款→借款申请人按要求还款。

9.6 申请资料

（1）本人身份证原件与复印件；

（2）本人及配偶的身份证原件与复印件、婚姻状况证明原件与复印件（结婚证或夫妻户口在一起的户口簿）；

（3）合作机构出具的审查审批意见书；

（4）由其他自然人（或法人）为贷款申请人提供保证担保的，担保人应经过银行审核（或准入），并根据银行要求提供相关证明资料；

（5）办理贷款所需的其他材料。

需要注意的是，罗列的信息仅作参考，农户申请办理以上业务，需以相应银行当地分支机构有关规定为准。

10　农村青年创业小额贷款

农村青年创业小额贷款是指与各级团组织合作的农村信用社向农村青年（年龄在40周岁以下）发放的用于生产、经营等创业活动所需的小额贷款。

2009 年 5 月，共青团中央、中国农业银行签署《支持农村青年创业就

业合作协议》，按照“试点先行、分步推进”的原则，从8月份开始在全国10个省（区、市）的55个县（市、区）开展农村青年创业小额贷款试点。试点工作取得了扎实成效，探索并形成了适合农村青年小额贷款的工作流程和工作模式。为进一步扩大农村青年创业小额贷款工作覆盖面、加大对农村青年创业就业的扶持力度，团中央、中国农业银行决定按照《支持农村青年创业就业合作协议》，在全国开展农村青年创业小额贷款工作。

早在2009年3月，共青团湖南省委员会、湖南省银监局就已经下发《关于实施湖南农村青年创业小额贷款的指导意见》，共同实施并推动农村青年创业小额贷款项目。明确要求各级团组织、银行业监管部门、涉农银行业金融机构加强对农村青年创业小额贷款政策的宣传，加强对小额贷款扶持农村青年成功创业典型的宣传，激发广大农村青年的创业热情。同时要求各参与合作的银行业金融机构有针对性地开展相关金融知识培训，帮助农村青年提升获取金融服务和运用金融工具的能力。坚持试点先行，及时总结工作经验。

2015年8月，湖南团省委、省农委、中国农业银行湖南省分行决定，在全省农村青年创业致富“领头雁”培养计划框架下，为农村青年提供免费培训及免息贷款，此培养计划是为吸引和支持全省大学生返乡创业，拓宽新型职业农民培育渠道。计划培养对象原则上为35周岁以下、具有明确涉农创业项目或创业计划的大学毕业生（含大学生村官、西部计划志愿者等）以及具有一定创业基础的优秀返乡创业青年。在为期1年的培训周期之中，通过理论培训、创业实训、企业孵化、金融支持等方式，对培养对象开展涉农创业服务。全省共计1000个名额，湖南省农业银行将为创业行动提供优惠的贷款支持，借款人凭农业银行出具的贷款免息凭证，向实施地团组织申请贷款贴息，原则上贴息的贷款期限不长于1年，贷款额度不高于10万元。

10.1 相关规定

10.1.1 额度

根据有关文件规定，农村青年创业小额信用贷款额度原则上控制在3万元以内，一般不超过5万元；抵押、质押和保证担保贷款视借款人实际风险状况，可在信用贷款额度基础上适度提高。

10.1.2 期限

农村青年创业小额贷款期限根据农业生产的季节特点、创业贷款项目

生产周期和借款人综合还款能力等因素，灵活确定贷款期限，贷款期限一般设定在 3 年以内，最长不超过 5 年。

10.1.3 利率

为支持农村青年加快创业发展，有关文件规定，按照“保本微利”的运营方式，贷款利率在中国人民银行公布的同期贷款利率基础上可给予适当优惠。

10.1.4 担保方式

农村青年创业小额贷款可以采用自然人担保、法人担保、联保、担保公司等保证方式，也可采用房产、林权等抵押方式，还可采用“公司＋农户”“公司＋中介组织＋农户”“公司＋专业市场＋农户”“农民专业合作社＋社员”等信贷模式。

10.2 贷款条件

10.2.1 申请条件

申请农村青年创业贷款需具备以下条件：

（1）年龄在 40 周岁（含）以下，具有完全民事行为能力；

（2）遵纪守法，诚实守信，无不良信用记录；

（3）有创业愿望和一定基础；在农村信用合作社辖区内有固定住所或经营场所；具有偿还贷款本息的能力；

（4）创业投资项目符合国家产业政策；

（5）在贷款发放机构开立个人结算账户；

（6）自愿接受贷款发放机构对其账户资金的监督；

（7）农村信用合作社规定的其他条件。

10.2.2 需提交的材料

申请农村青年创业小额贷款要按照团组织和相应农村金融的具体要求提供相关材料，一般包括借款申请人及其家庭主要成员基本情况，包括居民身份证、户口簿、其他有效身份证明等；从事个体经营的还需要营业执照、税务登记证、组织机构代码证、特殊行业经营许可证、开户证明、收入证明、承包合同或合作协议等证明材料；需要提供担保的，还要提供担保资料；农村信用合作社认为需要提供的其他资料。

10.3 办理流程

农村青年创业小额贷款的主要流程是：

（1）申请。符合条件的农村青年因创业需要贷款的，可向当地基层团

组织提出申请；

（2）初审。基层团组织接到农村青年创业借款申请人申请后，应及时对申请人的基本条件、创业项目等内容进行审查，并提出初审意见；

（3）推荐。经基层团组织初审符合条件的，基层团组织要及时推荐给当地农村信用合作社；

（4）调查。农村信用合作社接到基层团组织推荐的申请人名单后，应及时落实信贷人员进行调查，其中对经调查不符合贷款条件或不能全额满足农村青年资金需求的，要及时反馈给借款申请人；

（5）评级。农村信用合作社根据调查情况，按照有关评级规定对申请人进行评级，其中对经调查、评级不符合贷款条件或不能全额满足农村青年资金需求的，要及时反馈给借款申请人；

（6）授信。农村信用合作社经调查、评级符合贷款条件的，及时按贷款程序对申请人进行审查、审批、授信；

（7）发放。农村信用合作社根据调查、审查、审批、授信情况，按有关贷款程序及时向申请人发放贷款；

（8）反馈。农村信用合作社要及时将创业贷款的发放情况反馈给基层团组织，并定期将受理情况、授信额度、信用额度、贷款实际发放量等情况报当地基层团组织备案。

10.4 贷款申请表

农村青年创业小额贷款的申请表如下

农村青年创业小额贷款是农村信用合作社向具有创业愿望和一定经济基础的，符合贷款条件的农村青年发放的小额贷款，贷款对象为年龄在40周岁（含）以下，身体健康，具有完全民事行为能力，遵纪守法，诚实守信，无不良信用记录，有创业愿望和一定基础的农村青年。农村青年创业小额贷款可采用小额信用、抵押、质押、自然人担保和法人担保等质保形式。以下是农村青年创业小额贷款申请表样本。

农村青年创业小额贷款申请表

<table>
<tr><td rowspan="2">申请人</td><td>姓名</td><td></td><td>身份证号码</td><td colspan="6"></td></tr>
<tr><td>地址</td><td colspan="8"></td></tr>
<tr><td colspan="2" rowspan="2">生产（经营专业及规模</td><td colspan="2" rowspan="2"></td><td colspan="3">自有资金</td><td colspan="3"></td></tr>
<tr><td colspan="3">年收入</td><td colspan="3"></td></tr>
<tr><td colspan="2">原欠贷款余额</td><td colspan="2"></td><td colspan="3">其中：逾期贷款</td><td colspan="3"></td></tr>
<tr><td colspan="2" rowspan="2">借款额度</td><td colspan="2" rowspan="2">人民币
（大写）</td><td>十</td><td>万</td><td>仟</td><td>佰</td><td>拾</td><td>元</td></tr>
<tr><td></td><td></td><td></td><td></td><td></td><td></td></tr>
<tr><td colspan="2">贷款用途</td><td colspan="2"></td><td colspan="3">贷款方式</td><td colspan="3"></td></tr>
<tr><td colspan="3">贷款期限</td><td colspan="7">自　　年　　月　　日至　　年　　月　　日止</td></tr>
<tr><td colspan="3">是否申请创业信用卡</td><td colspan="7">申请金卡　　　申请银卡　　　不申请</td></tr>
<tr><td colspan="10">兹声明申请人对上表所列内容如实填报无讹，保证对所借贷款做到专款专用和有借有还，按期归还

申请人签名（盖章）　　　年　　月　　日</td></tr>
<tr><td colspan="10">本人（或单位）自愿为申请人担保，声明本表所填写的各项内容均真实无讹，当贵行与申请人联系中断或申请人无力偿还借款及利息时，不论何种原因，本人（或单位）均自愿放弃抗辩权，承担连带保证责任，并负责将申请人尚未偿还的所有债务清还。

担保人（或单位）签名（盖章）　　　年　　月　　日</td></tr>
<tr><td colspan="5">乡镇、街道团委推荐意见：

年　　月　　日</td><td colspan="5">基层涉农金融机构意见：
信贷员（签名）
负责人（签名）
年　　月　　日</td></tr>
</table>

11 助学贷款

11.1 国家助学贷款

国家助学贷款是指由国有独资商业银行以信用形式向全日制普通高等学校中经济困难的本专科学生（含高职生，下同）、研究生和第二学士学位学生发放的由财政部门在贷款期内贴息50%的人民币贷款。

国家助学贷款实行一次审批、一次授信、分期发放的管理方式，用以帮助经济困难学生支付在校期间学生的学费、住宿费、生活费。申请贷款的学校可在国有独资商业银行湖南省分行确定经办国家助学贷款的分支机构中自主选定一家作为国家助学贷款的经办银行。

湖南省的国家助学贷款贷款人为国有独资商业银行的有关基层经办银行。借款人指由湖南省教育厅确定可开展国家助学贷款全日制普通高等学校的在校全日制本专科学生、研究生和第二学士学位学生。

11.1.1 贷款的条件

借款人应符合以下条件：

（一）具有完全民事行为能力（未成年人须由其法定监护人书面同意）；

（二）遵纪守法，品行良好，无不良记录；

（三）能正常完成学业；

（四）承诺向贷款人提供本人家庭地址、父母姓名及其工作单位、联系方式等真实信息，承诺毕业后在尚未履行完还款义务前每年至少与贷款人联系一次，并提供最新通信方式；

（五）在贷款银行开立活期储蓄账户；

（六）贷款人规定的其他条件。

11.1.2 贷款的申请

贷款人原则上每学期集中一次受理国家助学贷款申请。借款人须在新学期开学前后15天内向学校指定的专职负责国家助学贷款的部门提出贷款申请。

借款人须如实填写国家助学贷款申请书、申请国家助学贷款承诺书等贷款人要求的有关内容，并提交本人有效身份证件及复印件，未成年人须由其法定监护人书面同意。

借款人所在学校审核确认借款人所提供资料的真实性后，应将上述资料连同学校的审核意见一并送至办理国家助学贷款的贷款人，贷款人不直接受理借款人的贷款申请。

11.1.3 申请国家助学贷款学生本人需要准备的材料

1. 国家助学贷款申请表以及申请书；

2. 家庭经济状况证明，须由学生家长所在单位和劳资部门或县乡两级民政部门出具的包括家庭人口、经济收入来源、人均生活费用及当地最低生活保障线等内容的家庭经济状况证明材料原件，必须注明家庭年收入、月收入，以及人均月收入，证明上标注当地民政机关或县乡政府具体联系人以及电话；

3. 学生成绩单；

4. 学生户籍卡复印件；

5. 家庭户口本复印件（包括户口本首页、户主页、父亲母亲户口页，家庭成员页）；

6. 学生证复印件（包括学年注册页以及照片页）；

7. 身份证正反面复印件（首次申请国家助学贷款的学生需提交 2 份身份证正反面复印件）；

8. 已经成功获批国家助学贷款的学生再次申请时，需要提交国家助学贷款信用卡正反面复印件；

9. 证件照片一张（规格为一寸）。

11.1.4 贷款的审查与发放

贷款人应本着加快审批进度，简化手续，有效控制风险，按商业性贷款审批原则制订切实可行的国家助学贷款审批程序。在收到学校送达的借款人申请资料后，由贷款人对借款人申请资料的真实性和完整性、合法性和有效性进行审查。

贷款人在收到学校的借款人申请资料后 20 个工作日内将审批同意发放贷款的学生名单及金额通知借款人所在学校，由学校统一组织借款人填写借款合同文本，办理借款手续。

贷款人收到学校送达的借款人办妥的借款手续，经审核无误后，根据贷款审批程序予以审批，对审批后的贷款，编制放款通知书，并通知借款人所在学校。

若借款人中途要求停止贷款，可通过学校指定部门向贷款银行申请中止贷款发放。遇特殊情况需追加贷款金额的，可另行办理追加贷款手续。

11.1.5 贷款额度、期限、利率

各高等学校经济困难学生申请贷款比例原则上不超过全日制在校学生总数的20%，每人每学年贷款数额不超过6000元，各高等学校贷款额度经湖南省学生贷款管理中心（贷款管理中心）审核后，由贷款管理中心下发到各普通高校执行，同时抄送中国人民银行长沙中心支行及贷款经办银行的省分行。

国家助学贷款期限最长不超过借款人毕业后4年。贷款利率按中国人民银行规定的同期限贷款利率执行，不上浮。贷款人对借款人在校期间欠交的国家助学贷款利息不计复利。

11.1.6 贷款的归还与展期

借贷双方应在签订借款合同时约定还款方式和还款时间。借款人可以在学习期间偿还国家助学贷款本金和利息，也可以在毕业后第一年开始偿还国家助学贷款本金和利息，具体还款方式和时间由借款人根据个人经济情况与贷款人协商确定。

借款人确因经济困难而无法在贷款合同期内全部偿还国家助学贷款本金时，可向贷款人申请贷款展期，经贷款人同意后可按规定展期。

借款人应在约定的还款日期前，将贷款本金及利息存入借款时原开设的活期储蓄账户内，贷款人于约定还款日主动从账户扣收。如借款人未能按合同约定偿还贷款本息，贷款人应及时向借款人发出催收通知书，依法追究违约责任，并计收罚息。

借款人毕业后，应按借款合同中的承诺，及时向贷款人通报变动后的工作单位、联系地址、还款方式。

借款人有转学、出国、退学、开除等情形时，贷款人应按借款合同的约定，提前收回贷款本息。

11.1.7 贷款申请表

国家助学贷款申请表如下：

国家助学贷款申请表

<table>
<tr><td>借款人姓名</td><td></td><td>性别</td><td>□男 □女</td><td colspan="2">出生年月</td><td colspan="2">年 月</td></tr>
<tr><td>学院</td><td></td><td>专业</td><td></td><td>学制</td><td></td><td>学号</td><td></td></tr>
<tr><td>户籍所在地</td><td colspan="3"></td><td colspan="2">邮政编码</td><td colspan="2"></td></tr>
</table>

<table>
<tr><td colspan="2">家庭居住地</td><td colspan="3"></td><td colspan="2">邮政编码</td><td></td></tr>
<tr><td colspan="2">身份证号码</td><td colspan="3"></td><td colspan="2">家庭电话</td><td></td></tr>
<tr><td colspan="2">家庭人口</td><td></td><td>家庭月收入</td><td></td><td colspan="2">家庭人均月收入</td><td></td></tr>
<tr><td rowspan="7">家庭成员及其经济收入情况</td><td>称谓</td><td>姓名</td><td>年龄</td><td>身份证号码</td><td>职业</td><td>工作单位</td><td>月收入</td></tr>
<tr><td></td><td></td><td></td><td></td><td></td><td></td><td></td></tr>
<tr><td></td><td></td><td></td><td></td><td></td><td></td><td></td></tr>
<tr><td></td><td></td><td></td><td></td><td></td><td></td><td></td></tr>
<tr><td></td><td></td><td></td><td></td><td></td><td></td><td></td></tr>
<tr><td></td><td></td><td></td><td></td><td></td><td></td><td></td></tr>
<tr><td></td><td></td><td></td><td></td><td></td><td></td><td></td></tr>
<tr><td colspan="2">家庭经济困难概况</td><td colspan="6"></td></tr>
<tr><td colspan="2">高考成绩</td><td colspan="6"></td></tr>
<tr><td colspan="2">申请贷款类型</td><td colspan="6">□学费贷款　　□生活费贷款</td></tr>
<tr><td colspan="2">申请贷款金额</td><td colspan="6">总额______元　其中：学费贷款______元　生活费贷款______元
（按现行政策规定，学生通过申请国家助学贷款，每人每学年最高不超过 6000 元贷款数额。）</td></tr>
<tr><td colspan="2">贷款期限</td><td colspan="6">贷款：______个月　自______年______月至______年______月
（国家助学贷款的期限一般不超过八年。国家助学贷款利率按中国人民银行规定的同期利率执行，不上浮。现行年利率为：三至五年（含）：5.58%，五年以上：5.76%。）</td></tr>
<tr><td colspan="2">申请贷款年度</td><td colspan="6">20____—20____学年</td></tr>
<tr><td colspan="8">本人保证以上填写内容真实无误，严格遵守国家、经办银行以及国家助学贷款的各项规定，承诺正确使用所贷款项并按规定履行还款义务。
借款申请人：　　年　　月　　日</td></tr>
<tr><td colspan="2">学院审核意见</td><td colspan="6">

（签章）：</td></tr>
</table>

××省学生贷款管理办公室制

国家助学贷款承诺书

<table>
<tr><td>姓名</td><td></td><td>性别</td><td></td><td>年龄</td><td></td><td colspan="2">学号</td><td></td></tr>
<tr><td>专业</td><td></td><td>年级</td><td></td><td>本人联系电话</td><td colspan="4"></td></tr>
<tr><td colspan="9">身份证号：</td></tr>
<tr><td>贷款数额</td><td></td><td colspan="2">贷款年限</td><td></td><td colspan="2">还款年限</td><td colspan="2"></td></tr>
<tr><td>父亲姓名</td><td></td><td colspan="2">工作单位</td><td></td><td colspan="2">联系电话</td><td colspan="2"></td></tr>
<tr><td>母亲姓名</td><td></td><td colspan="2">工作单位</td><td></td><td colspan="2">联系电话</td><td colspan="2"></td></tr>
<tr><td>家庭住址</td><td colspan="4"></td><td colspan="2">联系电话</td><td colspan="2"></td></tr>
<tr><td colspan="9">本人承诺：
我一定诚实守信，履行与银行签订的还款协议，如毕业时未完成协议内容，我自愿将毕业证书、学位证书交学生处“奖、助、勤、贷、补”管理中心保管。
贷款学生签字：
年　月　日</td></tr>
<tr><td colspan="9">家长承诺：
因家庭困难无法交纳孩子的学费，感谢国家（助学贷款）帮助解决困难，我们作为学生家长一定要诚实守信，保证按时还款。
家长签字：
年　月　日</td></tr>
<tr><td colspan="5">系学生工作领导小组意见：

年　月　日</td><td colspan="4">学生处意见：

年　月　日</td></tr>
</table>

11.2 生源地信用助学贷款

生源地信用助学贷款是指国家开发银行等金融机构向符合条件的家庭

经济困难的普通高校新生和在校生（以下简称学生）发放的、在学生入学前户籍所在县（市、区）办理的信用助学贷款。国家开发银行湖南省分行为湖南省生源地信用助学贷款主承办行，同时，湖南省鼓励其他银行类金融机构按国家规定开展此项业务。生源地信用助学贷款借款人指申请生源地信用助学贷款的学生及其家长（或法定监护人），二者作为共同借款人，共同承担还款责任。以下节选部分 2016 年湖南省国家开发银行生源地信用助学贷款公告以供参考，具体申请各地会有所不同，农户应咨询当地教育机构。

11.2.1 申请条件

湖南省国家开发银行生源地信用助学贷款（以下简称生源地助学贷款）的申请对象为户籍在湖南省的家庭经济困难学生，全日制普通本科高校、高等职业学校和高等专科学校（含民办高校和独立学院，学校名单以教育部公布的为准）的本专科学生、研究生和第二学士学位学生。

就读于预科班的学生，参加自学考试、成人高考、进修类的学生以及当年在高校获得了国家助学贷款的学生不得申请生源地助学贷款。

借款学生必须有共同借款人，共同借款人和借款学生共同承担还款责任。

（一）生源地信用助学贷款支持对象必须符合以下条件：

1. 具有中华人民共和国国籍；

2. 诚实守信，遵纪守法；

3. 已被根据国家有关规定批准设立、实施高等学历教育的全日制普通本科高校、高等职业学校和高等专科学校（含民办高校和独立学院，学校名单以教育部公布的为准）正式录取，取得真实、合法、有效的录取通知书的全日制新生或高校在读的本专科学生、研究生和第二学士学位学生；

4. 学生本人入学前户籍、其共同借款人户籍均在本县（市、区）；

5. 学生当年没有获得其他国家助学贷款；

6. 经户籍所在地村（居）委会认定（通过高中预申请的学生除外），家庭经济困难，所能获得的收入不足以支付学生在校期间完成学业所需的基本费用。

（二）共同借款人

共同借款人户籍与学生本人入学前户籍均在本县（市、区）。共同借款人原则上应为借款学生父母。

如借款学生父母由于残疾、患病等特殊情况丧失劳动能力或民事行为能力的，可由借款学生其他近亲属作为共同借款人。

如借款学生为孤儿，共同借款人则为其他法定监护人，或自愿与借款学生共同承担还款责任的具备完全民事行为能力的自然人。

如共同借款人不是借款学生父母时，年龄必须在 25 ~ 60 周岁。

未结清国家开发银行生源地助学贷款（或高校助学贷款）的借款学生不能作为其他借款学生的共同借款人。

11.2.2 贷款额度、期限、利率、贴息政策

（一）贷款额度

若为本专科学生，申请贷款额度应在上限 8000 元以内，原则上按照学费与住宿费标准总和确定，贷款为 1000 到 8000 之间的 100 的整数倍；若为研究生，申请贷款额度应在上限 12000 元以内，原则上按照学费与住宿费标准总和确定，贷款为 1000 到 12000 元之间的 100 的整数倍。

（二）贷款期限

贷款期限原则上按全日制本专科学制年限（在校生按学制剩余年限）最长加 13 年确定，最短不少于 5 年，最长不超过 20 年。学生正常学制毕业后满三年开始按借款合同约定按年度分期偿还贷款本金和利息。学制超过 4 年及继续攻读更高一级学位（包括第二学士学位）的借款学生相应缩短学生毕业后的还贷期限。生源地助学贷款到期日为贷款最后一年的 9 月 20 日。

（三）贷款利率

生源地助学贷款利率执行中国人民银行同期公布的同档次基准利率，不上浮。贷款利率每年 12 月 21 日调整一次。

（四）贴息政策

根据国家助学贷款有关规定，借款学生在校期间的利息全部由财政补贴。学生自毕业当年 9 月 1 日起开始按年度偿还利息。

11.2.3 申报材料

（一）贷款证明材料

在“学生在线服务系统”上进行贷款申请后导出并打印的《国家开发银行生源地贷款申请表》

首次申请贷款的学生需持申请表前往村（居）委会进行资格审查并加盖公章。（通过高中预申请的学生不用进行此项资格审查）

（二）身份证明材料

1. 通过高中预申请的学生，学生及共同借款人需一起到县级资助中心办理申贷手续。需出示双方身份证原件、双方户口簿原件以及新生录取通知书原件。

2. 不属于高中预申请范围且为首次贷款的学生，学生及共同借款人需要持村（居）委会加盖公章的申请表一起到县级资助中心办理申贷手续。学生及共同借款人双方的身份证原件、新生应为录取通知书原件（高校在校学生为学生证原件）、双方户口簿原件。

3. 续贷的，学生和共同借款人任何一方到县级资助中心出示本人身份证原件即可办理有关手续。

11.2.4 申报及办理程序

（一）贷款受理部门：借款学生所属县（市、区）教育局学生资助管理中心（以下简称“县资助中心”）。

（二）审核材料

首次贷款时，学生和共同借款人必须同时到场，持上述申报材料向所在县资助中心提交借款申请。县资助中心对借款学生进行审查。

再次申请贷款时，借款学生本人应登录学生在线系统填写续贷声明，并由借款学生或共同借款人任一方前往县资助中心，出示本人身份证原件并提交借款学生本人签字的申请表即可。

（三）签订合同

审查通过后与借款学生签订由湖南分行统一印制的《生源地信用助学贷款借款合同》（以下简称“借款合同”），该合同待湖南分行审批通过后方正式生效。县资助中心同时打印《国家开发银行生源地贷款受理证明》，盖章确认后交学生随同借款合同一并带往高校报到。

（四）电子合同回执单录入

借款学生成功申请生源地信用助学贷款后，生源地信用助学贷款管理系统会自动生成贷款受理证明和验证码。借款学生持盖章后的受理证明到高校报到；高校学生资助中心老师根据受理证明，登录生源地助学贷款信息管理系统，录入并确认验证码和欠交金额；县（区）资助中心老师在系统上确认后，电子合同回执单生效。生源地信用助学贷款回执录入截止时间统一为 10 月 10 日。10 月 10 日后高校未在助学贷款信息管理系统录入回执的，视同借款学生撤销当年开发银行生源地信用助学贷款申请。

（五）贷款发放与支付

由支付宝对借款学生进行实名认证并统一开立个人账户。借款学生在支付宝指定的银行开立结算账户，与个人支付宝账户绑定。支付宝将在国家开发银行统一规划的日期发放贷款，并将贷款资金划付至借款学生就读高校的银行账户，同时通过短信、邮件通知借款学生。

11.2.5 注意事项

（一）借款学生应认真阅读和保管合同文本，切实履行借款学生各项义务。

（二）如国家相关政策发生调整，按新的政策执行。已办理相关贷款手续的，按原政策执行。

（三）国家开发银行及各级资助中心有权不经借款学生同意按照有关规定公布和使用借款学生个人信息以及借款学生贷款违约信息。

（四）借款学生个人信息和借款学生贷款违约信息将被录入全国联网的中国人民银行个人征信系统，不良信用记录将会对个人未来的生活、工作产生深远影响。

（五）借款学生应在还款后及时登录“学生在线服务系统”查询还款结果，防止出现问题。

（六）如借款学生及共同借款人的联系电话、就业信息、住址等重要信息发生变更，请务必登录学生在线服务系统进行更新。

（七）如借款学生的高校名称、入学年份、学制或毕业年份等重要信息发生变更，请务必及时前往办理贷款的县资助中心办理就学信息变更。

其他注意事项可查询“学生在线服务系统”（http：//www.csls.cdb.com.cn.），国家开发银行助学贷款咨询热线为 95593。

第三节　三农项目贷款

1　农民专业合作社贷款

农民专业合作社是指依据合作社法，在农村家庭承包经营基础上，同类农产品的生产经营者或者同类农业生产经营服务的提供者、利用者，自愿联合、民主管理的互助性经济组织；同时要求合作社自身必须拥有实际经营项目，具有明确合理的资金需求。农民专业合作社贷款是指相应农村金融机构向农民专业合作社法人或实际控制人、社员单独发放的法人或个人经营性贷款。目前我国农村地区发放该贷款的金融机构主要有中国邮政储蓄银行以及农村信用合作社，以下以中国邮政储蓄银行为例说明。

1.1 申请条件

1.1.1 农民专业合作社法人贷款

申请农民专业合作社法人贷款模式的合作社须满足以下所有基本条件。

（一）依据《中华人民共和国农民专业合作社法》，经工商行政管理部门核准登记，并办理年检手续，从事特殊行业的须持有有权机关颁发的经营许可证；

（二）要有合法、健全的组织机构；

（三）有固定办公场所，有规范的合作社章程，可识别分析的财务会计制度且正常经营 3 年以上（含 3 年）；

（四）要有规范、严密的内控制度和财务管理制度；

（五）农民专业合作社、实际控制人、股东过往的经营历史和经营业绩良好；

（六）拥有稳定的销售渠道；

（七）拥有真实的资产项目；

（八）拥有至少 1 项县（区）级及以上政府给予的级别评定或荣誉奖励（包括享受过补贴政策）。

1.1.2 农民专业合作社普通社员贷款

申请农民专业合作社普通社员贷款模式的，其所属合作社需满足上述基本条件外，普通社员自身还应满足以下所有条件：

（一）中华人民共和国公民，具有完全民事行为能力；

（二）信用观念强，资信状况良好，无不良社会和商业信用记录，借款人无赌博、吸毒、酗酒等不良行为；

（三）年龄在 20 周岁（含 20 周岁）至 60 周岁（含 60 周岁），具有当地户口或在当地连续居住 1 年以上，拥有自有固定住所，婚姻状况为已婚（含离异、丧偶）；

（四）无赌博、吸毒、酗酒等不良行为；

（五）农户应从事种养殖或其他符合国家产业政策的生产经营活动，有合法、可靠的经济来源，拥有本行业1年以上（含1年）的经验；

（六）贷款的用途正当、合理，有一定的自有资金和经营管理能力；

（七）从事与农民专业合作社业务直接有关的生产经营活动，能够利用合作社提供的服务，承认并遵守农民专业合作社章程，是履行章程规定的入社手续的出资社员或非出资社员；

（八）加入农民专业合作社1年以上（含1年），与合作社在农资购买、产品经销和土地入社等方面签订明确的合约，或遵循历史惯例存在实际合作（如通过交易记录、日记账簿、应收应付款等进行交叉验证），双方合作期限在一个完整生产周期以上（含一个完整生产周期），经营稳定。

1.1.3 农民专业合作社实际控制人贷款

申请农民专业合作社实际控制人贷款模式的，合作社实际控制人除符合以上普通社员贷款满足的基础条件外，还应满足以下所有条件：

（一）符合以下任意一种实际控制人的情况：

1. 本人及配偶合作社出资比例占30%以上（含30%）。

2. 本人或其配偶为合作社营业执照法定代表人。

3. 本人或其配偶为该合作社最大股东的亲属（仅包括本人及配偶的父母、子女、兄弟姐妹）。本人（含配偶）及其相应亲属占该合作社50%以上（含50%）股份或投资份额。

（二）本人实际经营农民专业合作社，且对合作社全部资产和收入有绝对控制权和支配权。绝对控制权与支配权主要表现为：对农民专业合作社的资产具有使用、支配、处置的权力；对农民专业合作社主要购销渠道具有控制权；对农民专业合作社人事安排具有决定权；对农民专业合作社的收益具有所有权与支配权。

1.2 贷款额度

股东类普通社员额度最高50万元，非股东类普通社员额度最高30万元，合作社实际控制人额度最高500万元，合作社法人额度最高1000万元。

1.3 贷款期限

贷款期限最长24个月。

1.4 还款方式

一、等额本息还款法，贷款期限内每期以相等的金额偿还贷款本息；

二、阶段性等额本息还款法，贷款宽限期内只偿还贷款利息，超过宽限期后按照等额本息还款法偿还贷款；

三、按周期付息，到期一次性还本。贷款期限内，每周期偿还利息，贷款到期后，偿还贷款本金；

四、一次性还本付息法，贷款到期日一次性归还贷款本息。

1.5 办理流程

农民专业合作社贷款可采用的担保方式包括：保证、抵质押和组合担保，可在当地所有具备信贷功能的相应银行网点办理，最快 2 个工作日出具审批意见。

具体办理流程为：提交贷款申请→银行调查审批→签订贷款合同→落实贷款担保条件→银行发放贷款→借款申请人按要求还款。

1.6 申请资料

农民专业合作社普通社员、实际控制人贷款提供的资料：

一、基本资料

1. 申请人有效身份证件的原件和复印件。申请人已婚的，还须提供配偶的身份证原件与复印件，以及婚姻证明材料（结婚证或夫妻户口在一起的户口簿）的原件与复印件。

2. 申请人为非当地常住户口的，应提供在当地经营或居住满一年的证明材料，如满一年的经营相关合同、房屋租赁合同、各类缴费单据等。

3. 申请保证贷款的，应提供保证人居民身份证原件和复印件、保证人证明材料（若保证人为有固定职业的自然人，应提供载明保证人姓名、工作单位、月均收入、单位联系人及联系电话并加盖单位公章或人事部门的公章的工作单位证明；若保证人单位规定不得开立单位证明，可使用工作证原件和复印件及三至六个月工资卡的银行流水等证明代替；若保证人为商户的，提供其营业执照即可）。

二、经营资料：

1. 营业执照、组织机构代码证等原件及复印件；

2. 农民专业合作社章程及其规定的有关决议文件；

3. 法定代表人有效身份证件原件及复印件；

4. 最近 3 个月的财务报表；

5. 最近半年以上（含半年）的主要银行账户对账单；

6. 银行认为有必要提供的其他材料。

农民专业合作社法人贷款除了提供普通社员贷款的经营资料外，还需要提供以下资料：

1. 近两年的财务报告，最近 3 个月的财务报表；

2. 自贷款申请日近 2 年（或 24 个月）增值税与所得税完税凭证（或企业提供税务登记号由我行人员进行查询）；

3. 最大自然人股东有效身份证件；

4. 财务负责人有效身份证件；

5. 开户许可证。

2　农业产业链贷款

农业产业链贷款是指与农业产业链核心企业合作，向与核心企业保持长期合作关系并签订合同的借款人发放的生产经营性人民币贷款。下面以中国邮政储蓄银行为例进行说明。

2.1 申请条件

除根据借款人类型，满足对应的小额贷款制度、家庭农场贷款制度或合作社贷款的借款人准入条件外，还须同时满足以下条件：

（一）借款人独立自主经营，有明确、合理的贷款资金需求。

（二）借款人为核心企业的上游或下游客户，与核心企业的合作期限至少在 1 年以上（含 1 年），且与核心企业签订合同。

（三）借款人在核心企业的推荐名单中。

（四）借款人能够提供最近 12 个月与核心企业的交易结算账户银行流水（交易结算账户必须为借款人本人、其配偶或经营实体有限责任公司名下，下同）。

（五）借款人与核心企业的交易结算账户应在贷款行开立，接受贷款行监督。

（六）借款人须承诺，未结清贷款前，不与核心企业终止合作。

（七）业务办理行规定的其他条件。

2.2 贷款额度、期限、还款方式和担保措施

根据借款人类型，最高额度、最长贷款期限、还款方式和担保措施均对应按照传统小额贷款、家庭农场贷款或合作社贷款执行。

2.3 办理流程

农业产业链贷款可在当地所有具备信贷功能的相应银行网点办理，最

快2个工作日出具审批意见。

具体办理流程为：提交贷款申请→银行调查审批→签订贷款合同→落实贷款担保条件→银行发放贷款→借款申请人按要求还款。

2.4 申请资料

借款人除相关制度要求外，还须提供以下材料：

（一）借款人最近12个月与核心企业的交易结算账户银行流水。

（二）借款人与核心企业签订的合同。

（三）借款人与核心企业之间的交易凭证、单据等（如确实没有则不强制要求，但须核心企业出具书面说明）。

（四）经办行要求的其他材料。

3 烟草贷

中国邮政储蓄银行向从事烟草销售的超市或商店经营者发放的，用于满足其生产经营活动资金需求的贷款。

3.1 申请条件

拥有烟草专卖零售许可证且烟草专卖零售许可证登记人为本人，烟草专卖零售许可证有效期限须大于贷款到期日，在我行或他行有代收烟草款业务；

已婚，30周岁（含30周岁）至60周岁（含60周岁），具有完全民事行为能力的自然人。

拥有实体门店，且经营年限达2年以上（含2年）。如经营实体门店为租赁，则租赁合同到期日须晚于贷款到期日。

3.2 贷款额度

单笔金额最高50万元。

3.3 贷款期限

贷款期限最长12个月。

3.4 还款方式

一、等额本息还款法，贷款期限内每期以相等的金额偿还贷款本息；

二、阶段性等额本息还款法，贷款宽限期内只偿还贷款利息，超过宽限期后按照等额本息还款法偿还贷款；

三、按周期付息，到期一次性还本。贷款期限内，每周期偿还利息，贷款到期后，偿还贷款本金；

四、一次性还本付息法，贷款到期日一次性归还贷款本息。

3.5 贷款担保

30万元以下（含30万元）的贷款采取信用模式；30万元以上（不含30万元）的贷款须提供自然人保证担保，且借款人须在当地拥有合法可交易房产、保证人须至少有一人在当地拥有合法可交易房产。

3.6 办理流程

可在当地所有具备信贷功能的中国邮政储蓄银行网点办理。最快2个工作日出具审批意见，具体请咨询当地分支机构。

具体办理流程为：提交贷款申请→银行调查审批→签订贷款合同→落实贷款担保条件→银行发放贷款→借款申请人按要求还款。

3.7 申请资料

（1）本人身份证原件与复印件、经年检合格的营业执照原件和复印件、经营场所产权证明或租赁合同；

（2）已婚申请人还须提供配偶身份证原件与复印件、婚姻状况证明原件与复印件（结婚证或夫妻户口在一起的户口簿）；

（3）从事特许经营的，还应提供相关行政主管部门的经营许可证原件与复印件；

（4）由其他自然人（或法人）为贷款申请人提供保证担保的，担保人应经过银行审核（或准入），并根据银行要求提供相关证明资料；

（5）办理贷款所需的其他材料。

4 林权抵押贷款

林权抵押贷款是指以森林、林木的所有权（或使用权）、林地的使用权，作为抵押物向金融机构借款。林权抵押贷款利率不超过基准利率的1.5倍。林权抵押贷款业务的创新之处在于它打破了长期以来银行贷款抵押以房地产为主的单一格局，引入了林地使用权和林木所有权这一新型抵押物，使“沉睡”的森林资源变成了可以抵押变现的资产。

中国农业发展银行湖南省分行与湖南省林业厅于2009年发布《关于湖南省森林资源资产抵押贷款管理和登记实施细则（试行）》，作为湖南省林权抵押贷款的指导文件。由中国农业发展银行行使独立的办贷权利，县级以上林业行政主管部门负责森林资源资产抵押登记和抵押的森林资源资产的监督管理。

经抵押的国有森林资源资产由国有资产行政主管部门、林业行政主管部门、中国农业发展银行（抵押权人）共同实施监管。经抵押的非国有森林资源资产由林业行政主管部门、中国农业发展银行（抵押权人）共同实施监管。

4.1 林权介绍

4.1.1 林权的含义

林权就是拥有森林、林木和林地的一项权利，这种权利分为很多种，包括占有的权利、使用的权利、收益的权利以及处分的权利都可以归入林权当中。林权是农民一项非常重要的财产权。《担保法》规定："农民承包林地的经营权可以作为抵押。"所以，农户可以将林权作为抵押或担保，也就是说，农户将其拥有的森林、林木的所有权或使用权和林地的使用权作为抵押物，向银行、农村信用合作社等金融机构借款；或者农户的亲朋好友想去银行借款，找农户做担保人的时候，农户可以用自己的林权作为担保，这样自己的亲朋好友就能贷到款了。

4.1.2 林地使用权和林地承包经营权的区别

（1）法律依据不同。林地使用权是森林法上使用的概念，而林地承包经营权是物权法上承包经营的概念，也就是说，这两个概念分别体现在不同的法律里。

（2）具体内涵不同。林地使用权的主体可以是国家、集体或个人，客体可以是国有林地和集体林地，集体林地又有自留山和责任山、统管山之分。也就是说，国家、集体和农户个人都可以拥有林地使用权，而拥有使用权利的林地可以是国家的，也可以是集体的。林地承包经营权则是农民对于自己承包经营的林地（俗称责任山）享有的权利。

可以看出，林地使用权的范围要比林地承包经营权宽泛。

4.1.3 林权中的抵押范围

（1）可以抵押的林权。

可作为贷款抵押物的森林资源资产有：

第一，用材林、经济林、薪炭林；

第二，用材林、经济林、薪炭林的林地使用权；

第三，用材林、经济林、薪炭林采伐迹地、火烧迹地的林地使用权；

第四，有关法律法规规定的其他森林、林木和其他使用权。

（2）不可以抵押的林权。

需要注意的是，有些林权是不可以抵押的。《森林资源资产抵押登记

办法（试行）》第九条第一款第六项规定：“以家庭承包形式取得的集体林地使用权不得抵押。”《最高人民法院关于审理涉及农村土地承包纠纷案件适用法律问题的解释》第十五条规定，承包方以其土地承包经营权进行抵押或者抵偿债务的，应当认定无效。

为什么农户以家庭为单位承包集体林地的使用权不能抵押呢？法律如此规定是有原因的：

第一，抵押权的实现会导致承包经营权主体的变更。当农民无力偿还债务时，林农赖以生存的林地将作为抵押财产折价、拍卖或变卖，农民面临生活失去保障的危险，为顾及农民的利益，法律限制林地承包经营权抵押。也就是说，一旦农户将自己家承包集体林地的使用权作为了抵押物，如果还款出现问题，那么农户就没有生活来源了，这也是为了保障农户最基本的生活而考虑的。

第二，抵押权的实现会导致所有权主体的变更。当林权抵押实现时，林地的所有权会从集体所有变为国家所有，林地用途亦有可能改变。对于农用地来说，这些在严格土地管理和实施用途管制的情况下都是不允许的。也就是说，一旦农户将自己家承包集体林地的使用权作为了抵押物，那么这个林地就不再是集体的了，而变成国家的了，如果林地变成国家的了，那么有可能这些林地会被拿去盖房子，这就违背了农户的根本利益。所以，国家法律规定农户以家庭为单位承包集体林地的使用权不能作为抵押。

4.2 贷款对象和条件

林权抵押贷款的贷款对象为：从事林业生产、森林资源开发和林产品加工的林业企事业单位和个人。

借款人申请森林资源资产抵押贷款，除具备《中国农业发展银行信贷基本制度》和相关贷款办法规定的条件外，还应满足以下条件：

（一）所经营的林地必须拥有合法有效的林权证；

（二）经营性项目的注册资本金占总投资的比例达到30%及以上，项目资本金比例占总投资的比例达到30%及以上，符合国家及中国农业发展银行的有关规定；非经营性项目注册资本金和项目资本金比例参照经营性项目资本金比例标准执行。流动资金贷款的自筹比例在25%及以上；

（三）合理确定贷款期限。按照中国农业发展银行现行信贷制度规定，涉林类商业性贷款期限一般不超过10年。对于列入国家林业产业发展规划和省级政府规划的重点项目，根据项目建设的实际情况，贷款期限可适当延长。对于银团贷款项目，可以根据银团贷款信息备忘录和银团成员会议确定的贷款期限执行。在确定的贷款期限内，根据林木生长周期，合理确定宽限期；

（四）规范森林资源资产抵押行为。采用森林资源资产办理抵押担保，除符合中国农业发展银行《贷款担保管理办法（修订）》（农发银发〔2007〕348号）和《押品价值管理办法（试行）》（农发银发〔2008〕170号）等有关担保办法的规定以外，还必须符合以下要求：

1.严格按照《森林资源资产评估管理暂行规定》（财企〔2006〕529号）、《森林资源资产抵押登记办法（试行）》（林计发〔2004〕89号）等相关法律法规办理抵押手续；

2.必须由具有国家权威部门颁发的森林资源资产专业评估资质证书的社会评估机构对抵押资产进行评估，并经县级以上林业行政主管部门予以核准或备案；

3.以森林、林木资产抵押时，其林地使用权需同时抵押，但不得改变林地的属性和用途；

4.国有森林资源资产抵押时，须经县级以上林业行政主管部门核准（《森林经营方案》中采伐方式确定为主伐方式）；

5.集体统一经营的森林资源资产抵押时，必须经过本集体组织同意；

6.对抵押的森林资源资产必须办理中国农业发展银行为第一受益人的保险。

（五）抵押期间，抵押人对抵押林木进行采伐时，须事前征得中国农业发展银行同意方可办理林木采伐许可证；

（六）资信良好，遵纪守法，无不良信用记录；

（七）借款人的资产负债率在50%（含）以下；

（八）第一还款来源充足；

（九）有中国农业发展银行和县级以上林业行政主管部门认可的本人或第三人的森林资源资产作为抵押物。

4.3 森林资源资产抵押范围

4.3.1 可作为贷款抵押的森林资源资产范围（商品林包括用材林、经济林和薪炭林）：

（一）用材林：即以生产木材为主要目的的森林和林木，包括以生产竹材为主要目的的竹林；

（二）经济林：即以生产果品，食用油料、饮料、调料，工业原料和药材等为主要目的的林木；

（三）薪炭林：即以生产燃料为主要目的的林木；

（四）用材林、经济林、薪炭林林地使用权；

（五）国务院规定的其他林地资源资产使用权、经营权。

4.3.2 不得作为贷款抵押的森林资源资产（生态公益林包括防护林和特种用途林）

（一）防护林：以防护为主要目的的森林、林木和灌木丛，包括水源涵养林，水土保持林，防风固沙林，农田、牧场防护林，护岸林，护路林；

（二）特种用途林：以国防、环境保护、科学实验等为主要目的的森林、林木，包括国防林、实验林、母树林、环境保护林、风景林，名胜古迹和革命纪念地的林木，自然保护区的森林；

（三）未经依法办理林权登记的森林、林木和林地使用权；

（四）国家禁止流转的其他森林资源资产；

（五）权属不清或者存在争议的森林、林木和林地使用权；

（六）农民房前屋后自留山的林木。

4.4 森林资源资产抵押贷款程序

4.4.1 贷款程序

办理森林资源资产抵押贷款应当遵循下列程序：

（一）森林资源资产抵押贷款的申请与受理

申请森林资源资产抵押贷款的借款人，应当向开户行提交书面贷款申请，并出具县级以上人民政府核发的林权证或其他有关所有权、使用权的证明，及对抵押物有处分权人同意抵押的承诺书等资料。

（二）森林资源资产的评估

借款人在设定抵押前，森林资源资产抵押贷款申请被受理并审查同意后，借款人应聘请具有森林资源资产评估资质的机构进行评估。贷款金额在 100 万元（含 100 万元）以上的项目，应委托具有财政部门颁发资产评估资质的机构进行评估。评估资质必须在乙级或乙级以上，并出具评估报告。

（三）森林资源资产评估结果的确认

贷款人对森林资源资产评估结果进行分析论证。如评估结果与实际资产差距较大，则要求借款人重新评估，取消原评估机构参评资格，拒付评估费；并建议评估机构主管部门追究评估机构的责任。

（四）森林资源资产借款合同、抵押合同的签订

中国农业发展银行按照规定做好贷前调查、贷时审查，经贷审会审议和有权审批人审批后，由抵押双方按照有关规定再签订借款抵押合同，明确双方的权利、义务。

森林资源资产抵押贷款比例为评估价值的 30%~50%，分别为：

（1）用材林中的幼龄林按不超过评估价值的 30% 进行抵押；

（2）用材林中的中龄林、近熟林按不超过评估价值的 40% 进行抵押；

（3）用材林中的成、过熟林及经济林、森林景观资产等按不超过评估价值的 50% 进行抵押。

（五）申请抵押登记

按照属地管辖原则，由林业行政主管部门指定的机构进行资产抵押贷款登记。借贷双方应当在抵押人和抵押权人抵押合同签订后 5 日内，持下列文件资料到指定的登记机构申请抵押登记。

登记内容包括

（1）抵押登记申请书；

（2）抵押人和抵押权人身份证明；

（3）最高抵押额合同；

（4）森林资源资产评估报告；

（5）森林资源资产有关权属证明；

（6）登记部门认为应提交的其他文件。

（六）抵押资产的审核、登记

登记机构在受理登记申请材料后，依照国家法律、法规的规定，主要审核下列内容：

（1）申请人所提供的文件资料是否齐全、真实、有效；

（2）借款合同、抵押贷款合同是否真实、合法；

（3）抵押物是否重复登记；

（4）抵押物中是否有属于禁止抵押的内容；

（5）抵押期限是否超出有关法律规定的年限。

（七）核发抵押证明书

登记机构应当自登记申请受理之日起 5 日内审查完毕，并决定是否予以登记。对于符合抵押物登记条件的，发给抵押权人《森林资源资产他项权证》，并在最高抵押额合同上签注《森林资源资产他项权证》的编号、

日期，加盖公章；抵押登记期限必须与最高抵押额合同期限相一致；对于不符合抵押登记条件的，书面通知申请人不予登记，退回申请材料。

（八）按中国农业发展银行规定办理贷款手续

贷款人收到《森林资源资产他项权证》后，方可按照借款合同有关规定办理贷款发放手续。

4.4.2 其他事宜

（一）变更登记

变更被担保的主债权种类、数额或者抵押担保的范围的，抵押合同双方当事人应当于做出变更决定之日起 7 日内，持变更协议、原《森林资源资产他项权证》和其他证明文件，向原登记机构申请办理变更登记手续。

（二）续期登记

贷款人延长借款人履行债务期限的，应当在抵押贷款合同期满之前一个月内，持延长借款人履行债务期限的协议、原《森林资源资产他项权证》和其他有关证明文件，向原登记机构申请办理续期登记手续。

（三）注销登记

借贷双方提前解除抵押合同、合同期满或抵押物灭失的，应当在 7 日内，持中国农业发展银行贷款收回凭证、灭失凭证及原《森林资源资产他项权证》，向原登记机构办理注销登记手续。

评估费用按照省物价局核准的事业性收费标准收取，登记机构免收登记或变更登记费用。

4.5 抵押森林资源资产的监督管理

对已作贷款抵押的森林资源资产，借款人欲转让给第三人时，必须经贷款人同意，并将转让物已经抵押的真实情况告知第三人。

对已经办理抵押《森林资源资产他项权证》的森林资源资产，其森林、林木的采伐必须经抵押权人签章同意，否则，县级以上林业行政主管部门不得对已经用于贷款抵押的森林、林木发放林木采伐许可证。上级林业行政主管部门根据借款人的借款数额、期限及还款需要，在年度木材生产计划内优先安排林木采伐指标用于借款人偿还到期贷款。

4.6 抵押森林资源资产的处置

借款人在森林资源资产抵押贷款合同规定的贷款期限到期后，应当首先以货币资金形式清偿贷款本息。借款人有足够货币资金偿还而拒绝偿还，而要求贷款人处置抵押物的，贷款人有权依照合同的约定从借款人账户资金中扣款抵贷。

借款人无力以货币资金偿还贷款本息的，贷款人可以与借款人协商依法向县级以上林业行政主管部门提出林木采伐申请。县级以上林业行政主管部门应当根据清偿贷款本息的总量，在年度木材生产计划内优先安排林木采伐指标，满足借款人还贷需要。借款人依法采伐的林木收入，应当优先偿还贷款本息。

借款人在森林资源资产抵押的贷款到期后，故意逃避债务的，贷款人有权对抵押的森林资源资产按照有关法律法规规定及贷款抵押合同的约定进行处置。各级林业行政主管部门要积极配合，为实现中国农业发展银行抵押权益办理必要的法律手续。

贷款人处置已作贷款抵押的森林资源资产，可以采取以下途径：

（一）折价

森林资源资产抵押贷款履行期满后，借款人未履行债务，贷款人与借款人协商，将抵押的森林资源资产按一定的市场价格折合成价款直接抵偿债务。

（二）拍卖

即通过竞价的方式，将已抵押的森林资源资产转让给最高应价者，所得价款偿还贷款本息。

（三）变卖

即将已抵押的森林资源资产以一般的买卖方式出让给他人。其价格由贷款人、借款人、受让人三方确定。所得价款由贷款人优先受偿。

（四）诉讼

在贷款人本息得不到清偿、并与借款人协商达不到清偿目的时，贷款人依照有关法律法规规定，向人民法院提起诉讼，实现贷款本息的清偿。

4.7 贷款申请书

林权抵押登记申请书

申请日期：　　年　　月　　日　　　　收件编号：

抵押人	名　称		单位性质	
	地　址		联系电话	
	法定代表人		身份证号码	
	共有权利人		身份证号码	

<table>
<tr><td rowspan="3">抵押权人</td><td>名　称</td><td colspan="3"></td><td>单位性质</td><td></td></tr>
<tr><td>地　址</td><td colspan="3"></td><td>联系电话</td><td></td></tr>
<tr><td>法定代表人</td><td colspan="3"></td><td>身份证号码</td><td></td></tr>
<tr><td rowspan="3">抵押物状况</td><td>林权证号</td><td></td><td>宗地号</td><td></td><td>抵押合同名称及编号</td><td></td></tr>
<tr><td colspan="6">坐落、土名
林班、大班、小班
四至</td></tr>
<tr><td>总面积</td><td>m^2</td><td>林种</td><td></td><td>主要树种</td><td></td></tr>
<tr><td colspan="2">林木资产评估值</td><td colspan="2">万元</td><td colspan="2">抵押贷款金额</td><td>万元</td></tr>
<tr><td colspan="2">抵押起止时间</td><td colspan="5">年，自　年　月　日至　年　月　日止</td></tr>
<tr><td colspan="4">申请人（抵押人）声明：
本抵押人保证该抵押物合法有效，不存在任何权属纠纷，所申报的抵押物状况与事实相符，所提供的证件材料均真实有效，并已履行法定必备手续，否则抵押人愿承担由此引起的一切法律责任。
法定代表人（签章）：
年　月　日</td><td colspan="3">申请人（抵押权人）声明：
上述抵押人所申报的抵押物状况与事实相符，抵押人（或其代理人）签章过程均在本抵押权人监督之下进行，确系真实意思表示，本抵押权人同意接受该抵押物作为担保。
法定代表人（签章）：
年　月　日</td></tr>
<tr><td colspan="4">勘验部门意见
调查人：　签章：
年　月　日</td><td colspan="3">登记机关审核意见及公章
经办人：　审核人：
年　月　日</td></tr>
</table>

5　农村城镇化贷款

农村城镇化贷款是指中国农业银行在县域范围内向借款人发放的，用于改善县域生产生活条件、提升县域经济承载功能的各类基础设施建设开发贷款。

5.1 贷款种类

农村城镇化贷款的基本贷款品种为项目贷款，按照还款来源分为城镇化一般项目贷款和城镇化垫支性项目贷款。

城镇化一般项目贷款是指以新建项目法人或既有法人为承贷主体，以项目自身现金流或既有法人综合收益为还款来源而提供的融资。

城镇化垫支性项目贷款是指项目自身收益或既有法人综合收益不能全额还款，以项目建成后的财政拨付资金为部分或全部还款来源而提供的融资。

5.2 功能和特色

农村城镇化贷款可满足借款人因市政基础设施建设、城镇公共设施建设、县域园区建设、县域流通市场建设、旅游基础设施建设、农村基础设施建设、县域土地整理等固定资产投资项目时资金不足的融资需求。

5.3 办理流程

（一）借款人提出书面申请

（二）借款人除提供基本生产经营、财务资料外，还应提供以下项目资料：

（1）政府有权部门授权或委托借款人从事规划区域内的城镇化项目建设的批件；涉及用地的，提供建设用地合法手续的证明材料；根据有关部门要求提供的环保评价报告及批准文件；其他批准文件等。贷款申请时尚未取得前述合法性资料的，须提供办理情况和取得计划；

（2）使用政府投资的项目，提供有权部门同意立项的批准文件、有相应资质的机构提供的可行性研究报告及批复文件；需政府核准的项目，提供有权部门核准文件、有相应资质的机构提供的可行性研究报告；其他项目（需备案的项目）提供有相应资质的机构提供的可行性研究报告。需主管部门审批同意的投资项目，提供主管部门批准文件；

（3）自筹资金到位的计划和已投入资金的证明；

（4）中国农业银行要求的其他证明文件和材料。

（三）借款人申请办理农村城镇化垫支性项目贷款，应提交以下资料：

（1）上款规定的资料；

（2）经地市级以上（含）人民政府批准的城镇发展总体规划或特色风貌设计；

（3）政府部门出具的书面还款承诺，以及经同级人大（或人大常委会）

审议批准的财政还款预算决议。

5.4 办理渠道

中国农业银行县域范围内所有分支机构。

6　季节性收购贷款

季节性收购贷款是指在农副产品收购旺季，为解决农副产品加工、流通、储备企业正常周转资金不足的困难，满足其收购资金需求而发放的短期流动资金贷款。产品主要面对有季节性收购资金需求的AA级（含）以上农业产业化龙头企业，贷款期限原则不超过6个月，最长不能超过9个月，不得循环使用，到期必须收回。办理该贷款的主要农村金融机构为中国农业银行。

6.1 功能和特色

本产品主要是为解决农业产业化龙头企业农副产品收购旺季资金需求量大、时限要求高等困难而设计，对借款人准入和资金需求等有明确的限定。

季节性收购贷款实行“封闭运行、期限管理、专款专用、库贷挂钩”的管理方式。产品主要特色为根据农副产品收购资金需求特点，可超企业授信理论测算值为借款人核定授信，超30%（含）以内需中国农业银行一级分行审批，30%以上需按照中国农业银行相关信贷制度报批。

6.2 办理流程

（一）借款人提出申请并提交相关材料

（二）银行对业务进行调查、审查、审批

（三）签订借款和担保合同

（四）根据合同约定逐笔核贷，逐笔放贷

（五）积极开展贷后管理工作

（六）按期足额收回信用

6.3 办理渠道

中国农业银行所有经授权的三农事业部辖属经营机构均可办理。

7　县域商品流通市场建设贷款

县域商品流通市场建设贷款是指对项目所有权人发放的用于县域内商品流通市场建设的固定资产贷款。此贷款主要由中国农业银行发放，中国农业银行总行确定的纳入三农金融部统计的县（含县级市）支行所在行政区域都被称为“县域”。县域范围内农副产品、文化用品、服装家具、装饰建材、五金钢材、种子化肥等流通市场建设都可适用本产品。非县域范围内的农副产品批发市场建设贷款也适用本产品。

7.1 功能和特色

县域商品流通市场建设贷款合理设定了借款人准入标准和项目准入标准，主要满足各类商品流通市场提供交易用固定场所及交易必需的配套设施产生的资金需求。固定场所主要包括交易厅（棚）、商铺等，配套设施主要包括配套仓库、水电道路、保鲜储藏冷库、停车场、办公用房、安全检测系统、市场信息化系统、商户生活服务等市场附属设施。

7.2 办理流程

（一）借款人提出申请并提交相关材料

（二）银行进行调查、审查、审批

（三）签订借款和担保合同

（四）核定担保，办理抵押登记手续

（五）根据合同约定逐笔核贷，逐笔放贷

（六）积极开展贷后管理工作

（七）按期足额收回信用

7.3 办理渠道

中国农业银行所有经授权的营业机构均可办理。

8　化肥淡季商业储备贷款

化肥淡季商业储备贷款是指中国农业银行根据借款人申请，向其提供用于开展化肥淡季商业储备业务的短期流动资金贷款。化肥淡季商业储备贷款也适用于中国农业银行向借款人开展化肥淡季储备业务而提供的票据承兑、贴现、保函、期限不超过 90 天的短期信用证及其他国际贸易融资等业务。

化肥淡季商业储备业务是指每年进入化肥使用淡季后，化肥流通企业将淡季生产的化肥收储一部分,存到用肥旺季时再集中投放市场的经营活动。其中，与国家发改委及财政部签署了有效的《化肥淡季商业储备承储协议书》,能够按照协议约定开展化肥淡季商业储备业务的企业称为“承储企业”,其他从事化肥淡季商业储备业务的企业称为“一般企业”。

8.1 功能和特色

化肥淡季商业储备贷款主要满足“承储企业”和“一般企业”因开展化肥淡季商业储备业务产生的流动资金需求，主要具备两大显著特点：一是为企业制定了化肥质押担保方案，以企业储存的化肥设定动产质押，为化肥流通企业增加了有效担保方式；二是针对化肥流通企业特点，化肥淡季商业储备贷款为企业增加了特别授信方式，为企业贷款拓宽了授信空间。

8.2 办理流程

（一）客户提出申请并提交相关材料

（二）银行进行调查、审查、审批

（三）签订借款和担保合同

（四）核定担保，办理抵质押登记手续

（五）根据合同约定发放贷款

（六）积极开展贷后管理工作

（七）按期足额收回信用

8.3 办理渠道

中国农业银行所有经授权的营业机构均可办理。

9　农村基础设施建设贷款

农村基础设施建设贷款，是指用于中央和省级财政主导投资建设的农村基础设施建设项目，财政承诺全额偿还本息的贷款，由中国农业银行承担发放职能。

农村基础设施建设贷款期限按照项目总投资规模和财政资金到位计划合理确定，一般不超过 20 年（含）。利率按照中国人民银行和中国农业银行有关规定执行。

9.1 功能和特色

一是在贷款用途上，主要投向与国计民生相关的农村水、电、路、气、医疗和教育等公益性项目。二是在资本金要求上，根据《国务院关于固定资产投资项目试行资本金制度的通知》（国发〔1996〕35 号）中关于“公益性投资项目不实行资本金制度”精神，对资本金未做强制要求。三是在贷款期限上，根据农村基础设施项目和财政投资特点，适当延长贷款期限，最长不超过 20 年。上述特征，符合农村基础设施建设资金运行的一般规律，在农村基础设施建设领域具有较强的适用性。

9.2 办理流程

（一）客户提出申请并提交相关资料。

（二）银行进行调查、审查和审批。

（三）签订借款合同。

（四）办理抵质押登记等手续。

（五）贷款一次性发放或根据合同约定的最高额度和期限分次发放。

（六）借款人按约定还款方式偿还贷款本息。

（七）办理结清贷款手续。

9.3 办理渠道

中国农业银行所有经授权及转授权的营业机构均可办理。

第四节　其他三农贷款类产品

1　金穗惠农卡

金穗惠农卡是中国农业银行面向农户发行的银联标准借记卡产品，它除具有金穗借记卡存取现金、转账结算、消费、理财等各项金融功能外，还向持卡人提供农户小额贷款载体、财政补贴代理等特色服务功能，并提供一定的金融服务收费减免优惠。惠农卡卡号标识为“622841”，设主卡和附属卡，主附卡采用不同卡面。

1.1 主要功能

金穗惠农卡除具有金穗借记卡存取现金、转账结算、消费、理财等各项金融功能外，还可向持卡人提供交易明细折、农户小额贷款载体、农村社保医保身份识别及费用代缴代付、农村公用事业代收付、财政补贴代理等多种特色服务功能。

1.2 办理流程

银行网点人员会到申请人所在村进行集中办理，申请人也可以到已经开办此项业务的网点柜台单独办理。

一、批量申领程序：

（1）申领人向村委会等我行合作机构提出办卡申请，申请时须填写申请表，并提供户口簿和居民身份证复印件；

（2）村委会等合作机构核实申请人信息后，将申请材料批量提交所在地中国农业银行网点进行审核；

（3）对于符合发卡条件的，网点在系统中进行批量开卡（但不激活），并将完成开卡的卡片及卡号清单交村委会等合作机构签收；

（4）村委会等合作机构按照卡号清单，将卡片发给申领人签收；

（5）申领人持惠农卡、户口簿和居民身份证原件到所在地中国农业银行网点办理卡片改密激活（可根据情况提供上门激活服务）。激活后的惠农卡方可正常使用。

二、单独申领程序：

（1）申领人持户口簿、本人居民身份证原件及合作机构对其身份证明的介绍信等到中国农业银行网点填写金穗惠农卡申请表。

（2）网点对申领人提交的申请资料进行审核，对于符合发卡条件的当场开卡，并由申领人自行设置密码。开卡完成后惠农卡即可使用。

2 惠农信用卡

惠农信用卡是中国农业银行专为具有良好信用观念的县域及农村高端客户量身定做的借贷合一型特色产品,是中国农业银行金穗卡系列产品之一。惠农信用卡不但可以作为支付结算、储蓄理财的工具，更可以通过中国农业银行授信，满足农户短期、频繁的资金周转需求，同时也提供多项个性化辅助功能。

2.1 功能简介

（一）借贷合一，即时用信

惠农信用卡具有强大的借贷合一功能，农户可以开立活期和多个定期子账户，并将自有资金存入以获得存款利息；而且，领卡后无需办理其他手续，就可以在中国农业银行核定的授信额度内直接透支、即时用信，灵活安排自己的生产经营资金、管理家庭财产。

（二）循环透支，快速周转

在中国农业银行核定的授信额度内，农户可以根据自己的资金情况随时借款及还款，利息按照实际使用天数计算，还款后授信额度就将立即恢复并可再次使用，实现资金的快速周转。

（三）全额取现，使用方便

农户不但可以消费透支，还可以取现透支和转账透支。其中，取现透支和转账透支的比例最高可达授信额度的100%。

（四）高额授信，担保灵活

农户可以通过信用担保、保证担保、质押担保和抵押担保等多种担保方式获得惠农信用卡的授信。结合农户的资信状况和担保方式，授信额度最高可达30万元。

（五）定活合一，管理轻松

在惠农信用卡下可同时开立人民币活期账户和多个人民币定期子账户，不需其他卡片或存单。

（六）代理缴费，省心省力

中国农业银行可以通过惠农信用卡代农户缴纳水费、电费、通信费、有线电视费等多种费用，当农户账户自有资金不足时，还可以在授信额度内，以不超过1000元的透支款项缴纳上述费用。

（七）主卡附卡，额度共享

农户可以根据自己的情况，为家人或朋友开立多张附属卡，让他（她）们共同使用您卡内的自有资金，或根据农户的要求，共同使用我行为农户核定的授信额度。

（八）支付控制，全面掌控

可以根据农户的要求，对附属卡的支付次数、金额以及是否具备透支权限等进行控制，也可以随时注销附属卡。

2.2 申领条件及方式

2.2.1 申领条件

只要农户在发卡行所在地有固定住所、具有稳定收入和完全民事行为能力，即可申请惠农信用卡（个人卡）。同时农户可以为具有完全民事行为能力的他人申领附属卡。

2.2.2 申领资料

申请者必须提供身份资料，发卡行有权要求农户提供收入证明、工作证明、资产证明等资信证明资料的一种或几种；以担保方式开卡的，按照中国农业银行担保业务的有关规定提供身份资料和担保资料。

（1）身份资料

本人有效身份证件的原件及复印件。

（2）收入证明资料

银行出具的最近三个月的代发工资记录；

单位开具的收入证明；

所得税扣缴凭证；

公积金、养老保险、医疗保险、失业保险缴纳证明；

经营纳税证明等。

（3）工作证明资料

工作证（牌）、工作合同、出入证等。

（4）资产证明资料

自有住宅类、商业类房屋产权证明；

机动车行驶证；

金融资产证明等。

（5）其他证明资料

家庭住址最近三个月的固定电话费单、水电费单、煤气费单或物业管理缴费单；

房屋租赁合同及最近三个月的租金证明；

其他证明如固定住址证明资料。

3　农业产业化集群客户融信保业务

农业产业化集群客户融信保业务是指与AA级（含）以上农业产业化龙头企业高度关联的核心经销商在符合条件的保险公司办理了国内贸易信用保险后，中国农业银行按保单承保金额的一定比例向其提供的用于满足其流动资金业务需求的本币融资业务。目前本产品在试行期间，仅针对内蒙古蒙牛乳业（集团）有限公司和伊利实业集团有限公司的核心经销商办理此业务。

3.1 功能和特色

本产品主要为解决符合条件的农业产业化龙头企业核心经销商在国内贸易交易中，以赊销等结算方式对零售商形成的应收账款无法及时回笼，而提供的短期流动资金需求。

产品主要特色为核心经销商的融信保业务授信额度占用中国农业银行为龙头企业专门核定的融信保授信额度，且融资额度可根据核心经销商投保的国内贸易信用险保险金额核定，最高不超过80%。另外对符合中国农业银行融信保业务条件的核心经销商在存入产品要求的最低保证金后，办理业务时可不再提供其他形式的担保。

3.2 办理流程

（一）借款人提出申请并提交相关材料

（二）银行对业务进行调查、审查、审批

（三）审核相关保险手续及资料，签订借款和担保合同

（四）根据合同约定逐笔核贷，逐笔放贷

（五）积极开展贷后管理工作

（六）按期足额收回信用

3.3 办理渠道

须由符合条件的龙头企业提供核心经销商名单，核心经销商在中国农业银行分行经授权的辖属经营机构办理。

第四章

农业保险相关政策法规

第一节　农业保险介绍

1　农业保险的概念

我国的《农业保险条例》已于2013年3月1日起正式施行，《条例》第二条明确说明了我国农业保险的概念。农业保险是指保险机构根据农业保险合同，对被保险人在种植业、林业、畜牧业和渔业生产中因保险标的遭受约定的自然灾害、意外事故、疫病、疾病等保险事故所造成的财产损失，承担赔偿保险金责任的保险活动。其中保险机构，是指保险公司以及依法设立的农业互助保险等保险组织。《条例》第七条进一步强调农民或者农业生产经营组织投保的农业保险标的属于财政给予保险费补贴范围的，由财政部门按照规定给予保险费补贴，具体办法由国务院财政部门商国务院农业、林业主管部门和保险监督管理机构制定。

对于农业生产者来说，农业保险是转移农业风险的财务手段。首先，只要农户参加了农业保险，就能以少量的保险费支出，把不可预料的农业风险损失转移出去，从而形成一种现实的互助性风险保障；其次，保费支出属于农业经营中必要成本费用的一部分，通过将农业保险保费计入生产成本而由社会分担，就能依靠全社会的力量逐步建立起一种可靠的农业风险保障、农业灾害补偿的经济制度，从而稳定农业生产经营者的生产和生活，促进农业发展，减小农民收入波动。

2　农业保险的保障范围

2.1 农业保险标的范围

农业保险标的范围，也称保险范围，是农业保险所承保的所有标的的集合。

农业保险标的范围可以概括为：与种植业和养殖业生产相关的财产本身，以及与财产有关的利益和责任等。例如，农作物、林木、各种饲养动物等。

2.2 农业保险的保险责任和除外责任

2.2.1 农业保险的保险责任

根据农业风险的可保性条件，农业保险的保险责任主要包括以下原因引致的农业保险标的的损失：

（1）不可抗力的自然灾害和意外事故，如水灾、冰雹等气象灾害，疫病、疾病、伤害、触电、空气污染、中毒等；

（2）采用新技术、新工艺、新品种、引进资金等的技术风险、责任风险、信用风险；

（3）为公共事业必须牺牲的个人利益，如为防止牲畜疫病蔓延，根据政府命令捕杀掩灭病畜、病禽等；

（4）农产品价格波动、预期利润等。

2.2.2 农业保险的除外责任

农业保险的除外责任是指不能列入保险范围的保险责任，主要包括政治风险、道德风险引致的损失。例如：

（1）战争、政治动乱、军事行动或暴力行为；

（2）被保险人或其家庭成员的故意行为；

（3）生产管理不善，技术措施使用不当等过失行为；

（4）不按照规定要求进行防护、维护、抢救不及时等行为；

（5）产业政策改变等政治经济行为。

3　农业保险的分类

依照不同的划分标准，农业保险有不同的分类。

3.1 按农业生产的对象分类

（1）种植业保险：承保植物性生产的保险标的保险，即种植业保险，例如农作物保险、林木保险等。

（2）养殖业保险：承保动物性生产的保险标的保险，即养殖业保险，例如牲畜保险、家禽保险、水产养殖保险等。

3.2 按保障程度分类

（1）成本保险：即以生产投入作为确定保障程度的基础，根据生产成本确定保险金额的保险。农业生产成本是随生长期而渐进投入的，因此成本保险一般采用变动保额、按生育期定额保险的方式进行。

（2）产量保险或产值保险：即以生产产出作为确定保障程度的基础，

根据产品产出量确定保险金额的保险；以实物量计，称为产量保险；以价值量计，称为产值保险。由于农产品产量是生产过程结束时最终形成的，因此产量或产值保险一般采用定额保险的方式进行，即按正常产量的一定成数承保。

3.3 按交费方式分类

（1）短期农业险：保险期限一般不超过 1 年，投保人若连续投保，需在每次投保时按条款规定直接交费。

（2）长效储金型农业险：保险期限一般 3 年以上，投保人投保时交纳一定数额的储金，以储金的利息作为保费，在保险期限内不需要年年交费，如小麦储金保险、林木储金保险等。

3.4 按保险标的所处生长阶段分类

这种划分主要适用于农作物保险。按这种分类方法，可分为以下几种情况。

（1）生长期农作物保险：即针对农作物在生长过程中因保险灾害事故造成减产损失的一种保险，如各种作物种植保险。

（2）收获期农作物保险：即针对农作物成熟收割及其之后脱粒、碾打、晾晒、烘烤期间所受灾害损失的一种保险。

收获期农作物保险不同于普通的财产保险，农产品在临时加工场地进行初步加工完毕入仓后，才属于财产保险范围。

3.5 按保险责任范围分类

（1）单一风险保险：即只承保一种责任的保险，如小麦雹灾保险、林木火灾保险等。

（2）多风险保险：即承保一种以上可列明责任的保险，如水果保险可以承保风灾、冻害等。

（3）一切险保险：即除了不保的风险以外，其他风险都可以承保的保险。

3.6 按保单形式分类

（1）单险种保险：即一张保单只包含一个险种的内容。

（2）组合式保险：即几个相关险种组合在一起形成一张保单，比如塑料大棚保险包括棚体保险和棚内作物保险，农村综合保险包括农作物保险、农业生产资料保险等。

4 农业保险合同

4.1 关于投保的约定

农业保险可以由农民、农业生产经营组织自行投保，也可以由农业生产经营组织、村民委员会等单位组织农民投保。

由农业生产经营组织、村民委员会等单位组织农民投保的，保险机构应当在订立农业保险合同时，制定投保清单，详细列明被保险人的投保信息，并由被保险人签字确认。保险机构应当将承保情况予以公示。

4.2 关于定损的约定

在农业保险合同有效期内，合同当事人不得因保险标的的危险程度发生变化增加保险费或者解除农业保险合同。

保险机构接到发生保险事故的通知后，应当及时进行现场查勘，会同被保险人核定保险标的的受损情况。由农业生产经营组织、村民委员会等单位组织农民投保的，保险机构应当将查勘定损结果予以公示。

保险机构按照农业保险合同约定，可以采取抽样方式或者其他方式核定保险标的的损失程度。采用抽样方式核定损失程度的，应当符合有关部门规定的抽样技术规范。

4.3 关于理赔的约定

法律、行政法规对受损的农业保险标的的处理有规定的，理赔时应当取得受损保险标的已依法处理的证据或者证明材料。

保险机构不得主张对受损的保险标的残余价值的权利，农业保险合同另有约定的除外。

保险机构应当在与被保险人达成赔偿协议后 10 日内，将应赔偿的保险金支付给被保险人。农业保险合同对赔偿保险金的期限有约定的，保险机构应当按照约定履行赔偿保险金义务。

保险机构应当按照农业保险合同约定，根据核定的保险标的的损失程度足额支付应赔偿的保险金。

任何单位和个人不得非法干预保险机构履行赔偿保险金的义务，不得限制被保险人取得保险金的权利。

农业生产经营组织、村民委员会等单位组织农民投保的，理赔清单应当由被保险人签字确认，保险机构应当将理赔结果予以公示。

5 农村地区的其他保险

5.1 涉农保险

除了农业保险以外，《农业保险条例》第三十二条还指出，保险机构经营有政策支持的涉农保险，参照适用本条例有关规定。这里的涉农保险是指农业保险以外，为农民在农业生产生活中提供保险保障的保险，包括农房、农机具、渔船等财产保险，涉及农民的生命和身体等方面的短期意外伤害保险。

5.2 新型农村社会养老保险（新农保）

新型农村社会养老保险（新农保）是以保障农村居民年老时的基本生活为目的，建立个人缴费、集体补助、政府补贴相结合的筹资模式，养老待遇由社会统筹与个人账户相结合，与家庭养老、土地保障、社会救助等其他社会保障政策措施相配套，由政府组织实施的一项社会养老保险制度，是国家社会保险体系的重要组成部分。

5.2.1 基金筹集

新农保基金由个人缴费、集体补助、政府补贴构成。

（一）个人缴费

参加新农保的农村居民应当按规定缴纳养老保险费。缴费标准设为每年 100 元、200 元、300 元、400 元、500 元 5 个档次，地方可以根据实际情况增设缴费档次。参保人自主选择档次缴费，多缴多得。国家依据农村居民人均纯收入增长等情况适时调整缴费档次。

（二）集体补助

有条件的村集体应当对参保人缴费给予补助，补助标准由村民委员会召开村民会议民主确定。鼓励其他经济组织、社会公益组织、个人为参保人缴费提供资助。

（三）政府补贴

政府对符合领取条件的参保人全额支付新农保基础养老金，其中中央财政对中西部地区按中央确定的基础养老金标准给予全额补助，对东部地区给予 50% 的补助。

地方政府应当对参保人缴费给予补贴，补贴标准不低于每人每年 30 元；对选择较高档次标准缴费的，可给予适当鼓励，具体标准和办法由省（区、市）人民政府确定。对农村重度残疾人等缴费困难群体，地方政府为其代缴部分或全部最低标准的养老保险费。

5.2.2 养老金待遇及领取条件

养老金待遇由基础养老金和个人账户养老金组成，支付终身。

中央确定的基础养老金标准为每人每月 55 元（自 2014 年 7 月 1 日起，湖南省参加城乡居民基本养老保险、按照规定办理领取养老金待遇相关手续的参保人员，基础养老金最低标准提高到每人每月 60 元）。地方政府可以根据实际情况提高基础养老金标准，对于长期缴费的农村居民，可适当加发基础养老金，提高和加发部分的资金由地方政府支出。

个人账户养老金的月计发标准为个人账户全部储存额除以 139。参保人死亡，个人账户中的资金余额，除政府补贴外，可以依法继承；政府补贴余额用于继续支付其他参保人的养老金。

年满60周岁、未享受城镇职工基本养老保险待遇的农村有户籍的老年人，可以按月领取养老金。

5.3 新型农村合作医疗（新农合）

新型农村合作医疗（新农合）是指由政府组织、引导、支持，农民自愿参加，个人、集体和政府多方筹资，以大病统筹为主的农民医疗互助共济制度。采取个人缴费、集体扶持和政府资助的方式筹集资金。

5.3.1 保障对象

大病保险保障对象为城镇居民医保、新农合的参保（合）人。

5.3.2 新农合报销比例范围

（一）门诊补偿：

村卫生室及村中心卫生室就诊报销 60%，每次就诊处方药费限额 10 元，卫生院医生临时补液处方药费限额 50 元。

镇卫生院就诊报销 40%，每次就诊各项检查费及手术费限额 50 元，处方药费限额 100 元。

二级医院就诊报销 30%，每次就诊各项检查费及手术费限额 50 元，处方药费限额 200 元。

三级医院就诊报销 20%，每次就诊各项检查费及手术费限额 50 元，处方药费限额 200 元。

中药发票附上处方每帖限额 1 元。

镇级合作医疗门诊补偿年限额 5000 元。

（二）住院补偿：

（1）报销范围：

药费：辅助检查包括心脑电图、X 光透视、拍片、化验、理疗、针灸、CT、磁共振等各项检查费，限额 200 元；手术费（参照国家标准，超过 1000 元的按 1000 元报销）。

60 周岁以上老人在卫生院住院，治疗费和护理费每天补偿 10 元，限额 200 元。

（2）报销比例：

镇卫生院报销 60%; 二级医院报销 40%; 三级医院报销 30%。

（3）大病补偿：

镇风险基金补偿：凡参加合作医疗的住院患者一次性或全年累计应报医疗费超过 5000 元以上分段补偿，即 5001~10000 元补偿 65%，10001~18000 元补偿 70%。

镇级合作医疗住院及尿毒症门诊血透、肿瘤门诊放疗和化疗补偿年限额 1.1 万元。

新型农村合作医疗基金报销支付特殊病种有：恶性肿瘤化疗、放疗；重症尿毒症的血透和腹透；组织或器官移植后的抗排异反应治疗；精神分裂症伴精神衰退；系统性红斑狼疮（有心、肺、肾、肝及神经系统并发症之一者）；再生障碍性贫血；心脏手术后抗凝治疗。其余可报销的特殊病种，以当地具体政策为准。

特殊病种的特定门诊治疗包括治疗期间必需的支持疗法和全身、局部反应对症处理，一般辅助治疗不列入报销范围。

5.3.3 新农合报销程序

参保者出院后，将经患者本人签字或盖章的住院发票、出院记录、费用清单、转诊证明及本人身份证复印件或户籍证明缴本乡镇合管所，经审核后集中统一送交市农保业务管理中心。

第二节　农业保险的办理

1　农业保险办理流程

中国保监会于2015年3月17日印发《农业保险承保理赔管理暂行办法》以规范农业保险承保理赔业务管理。该办法自2015年4月1日起施行，实施期限为3年。值得注意的是，《暂行办法》第二条即清楚说明“本办法适用于种植业保险和养殖业保险业务。价格保险和指数保险等创新型业务，以及森林保险业务另行规定”。下面以该办法为标准说明农业保险的一般办理流程。

1.1 投保程序

1.1.1 投保

保险公司应严格履行明确说明义务，在投保单、保险单上作出足以引起投保人注意的提示，并向投保人说明投保险种的保险责任、责任免除、合同双方权利义务、理赔标准和方式等条款重要内容。由农业生产经营组织或村民委员会组织农户投保的，可组织投保人、被保险人集中召开宣传说明会，现场发放投保险种的保险条款，讲解保险条款中的重点内容。

保险公司和组织投保的单位应确保农户的知情权和自主权，不得欺骗误导农户投保，不得以不正当手段强迫农户投保或限制农户投保。

保险公司及其工作人员不得向投保人、被保险人承诺给予保险合同约定以外的保险费回扣或者其他利益。

保险公司应准确完整记录投保信息。投保信息应至少包括：

（一）客户信息。投保人和被保险人姓名或者组织名称、身份证号码或组织机构代码、联系方式、居住地址；

（二）保险标的信息。保险标的数量、地块或村组位置、（种植业）养殖地点和标识信息（养殖业）；

（三）其他信息。投保险种、保费金额、保险费率、自缴保费、保险金额、保险期限。

1.1.2 承保

保险公司应根据保险标的风险状况和分布情况，采用全检或者抽查的方式查验标的，核查保险标的位置、数量、权属和风险状况。条件允许的，保险公司应从当地农业、国土资源、财政等部门或相关机构取得保险标的有关信息，以核对承保信息的真实性。

承保种植业保险，应查验被保险人土地承包经营权证书或土地承包经营租赁合同。被保险人确实无法提供的，应由相关主管部门出具证明材料。承保养殖业保险，应查验保险标的存栏数量、防灾防疫、标识佩戴等情况。被保险人为规模养殖场的，应查验经营许可资料。

农业生产经营组织或村民委员会组织农户投保的,应制作分户投保清单，详细列明被保险人及保险标的信息。投保清单在农业生产经营组织或者村民委员会核对并盖章确认后，保险公司应以适当方式在村级或农业生产经营组织公共区域进行不少于 3 天的公示。如农户提出异议，应在调查确认后据实调整。确认无误后，应将投保分户清单录入业务系统。

1.1.3 核保

保险公司应在业务系统中注明投保人身份，严格审核保险标的权属，不得将对保险标的不具有保险利益的组织或个人确认为被保险人。

保险公司应确认由投保人或被保险人本人在承保业务单证（包括分户投保清单）上签字或盖章。特殊情形可以由投保人或被保险人直系亲属代为办理，同时注明其与被保险人的关系。

1.1.4 收费出单

保险公司应在确认收到农户自缴保费后，方可出具保险单。保险单或保险凭证应发放到户。

对享受国家财政补贴的险种，保险公司应按规定及时向有关部门提供承保信息，以便协调结算财政补贴资金。

1.2 理赔程序

1.2.1 报案

保险公司应加强接报案管理，保持报案渠道畅通。农业保险报案应由省级分公司或总公司集中受理，报案信息应及时准确录入业务系统。对于省级以下分支机构或经办人员直接收到农户报案的，保险公司应引导或协助农户报案。对于超出报案时限的案件，应在业务系统中录入延迟报案的具体原因。

接到报案后，应及时生成报案号记录和分派查勘任务，并即时通知报案人后续工作安排。

1.2.2 查勘定损

保险公司应在接到报案后24小时内进行现场查勘，因不可抗力或重大灾害等原因难以及时到达的，应及时与报案人联系并说明原因。

发生大面积种植业灾害，保险公司可依照相关农业技术规范抽取样本测定保险标的损失程度。鼓励保险公司委托农业技术等专业第三方机构协助制定查勘规范。

发生养殖业事故，保险公司应对死亡标的拍摄，并将其标识录入业务系统，保险公司业务系统应具备标识唯一性的审核、校验功能，出险标的耳号标识应在业务系统内自动注销。养殖户应依照国家规定对病死标的进行无害化处理，原则上无害化处理为理赔的前提条件，不能确认无害化处理的，原则上不予赔偿。

保险公司应对损失情况进行拍摄，查勘影像应能体现查勘人员、拍摄位置、拍摄日期、被保险人或其代理人、受损标的特征、规模或损失程度，确保影像资料清晰、完整、未经任何修改，并上传业务系统作为核赔的必要档案。

查勘结束后，保险公司应及时缮制查勘报告。查勘报告要注明查勘时间和地点，并对标的受损情况、事故原因以及是否属于保险责任等方面提出明确意见。查勘报告应根据现场查勘的原始记录缮制，原始记录应由查勘人员和被保险人签字确认，不得遗失、补记和做任何修改。

保险公司应及时核定损失。种植业保险发生保险事故造成绝收的，应在接到报案后20日内完成损失核定；发生保险事故造成部分损失的，应在农作物收获后20日内完成损失核定。养殖业保险应在接到报案后3日内完成损失核定。发生重大灾害、大范围疫情以及其他特殊情形除外。对于损失核定需要较长时间的，保险公司应做好解释说明工作。

对于不属于保险责任的，应在核定之日起3日内向被保险人发出拒赔通知书，并做好解释说明工作。

1.2.3 立案

保险公司应在确认保险责任后，及时立案。报案后超过10日尚未立案的，业务系统应强制自动立案。保险公司应逐案进行立案估损，并根据查勘定损情况及时调整估损金额。

1.2.4 理赔公示

农业生产经营组织、村民委员会等组织农户投保种植业保险的，保险公司应将查勘定损结果、理赔结果在村级或农业生产经营组织公共区域进行不少于3天的公示。保险公司应根据公示反馈结果制作分户理赔清单，列明被保险人姓名、身份证号、银行账号和赔款金额，由被保险人或其直系亲属签字确认。农户提出异议的，保险公司应进行调查核实后据实调整，并将结果反馈。

1.2.5 赔款支付

属于保险责任的，保险公司应在与被保险人达成赔偿协议后10日内支付赔款。农业保险合同对赔偿保险金的期限有约定的，保险公司应当按照约定履行赔偿保险金义务。

农业保险赔款原则上应通过转账方式支付到被保险人银行账户，并留存有效支付凭证。财务支付的收款人名称应与被保险人一致。

2 承保机构

农业保险作为特殊保险品种，各地的具体承保机构各不相同，具体需以各地相关文件规定为准，下面以湖南省为例说明湖南省承保机构的确定。

湖南省财政厅于2015年3月印发《关于2015年农业保险保费补贴有关事项的通知》，文件确认了湖南省的农业保险的承保机构。

湖南省农业保险业务由中国人民财产保险股份有限公司湖南省分公司、中华联合财产保险股份有限公司湖南分公司、中国太平洋财产保险股份有限公司湖南分公司、中国平安财产保险股份有限公司湖南分公司、中国人寿财产保险股份有限公司湖南省分公司共5家机构承办。同时，从2015年起，原则上不再新增政策性农业保险省级承保主体。

3 保费补贴

我国主要的农业保险产品均为政策性农业保险，由中央、省、市三级对市州、县市区政府引导有关农业保险经营机构（以下简称经办机构）开展的特定农业险种保险业务，按照保费的一定比例，为投保的农户、龙头企业、农民专业合作组织等农业经营主体提供补贴。

3.1 补贴水平

3.1.1 提高保险保障水平的补贴

中央财政支持各地结合实际，按照相关规定，提高农业保险保障水平，覆盖农业生产直接物化成本（以发展改革委员会等国家权威部门数据为标准），并按市场化规律与保险公司商定保额、保费等保险条款。中央财政部于2012年1月印发《财政部关于进一步加大支持力度，做好农业保险保费补贴工作的通知》，提出对于因为覆盖直接物化成本而增加的保费，中央财政将根据现行规定给予保费补贴。对于高于直接物化成本的保障部分，可由地方提供一定比例的保费补贴。

3.1.2 补贴比例

一是种植业保险、糖料作物保险。按照现行的中央财政种植业保险保费补贴政策执行。在省级财政至少补贴25%的基础上，中央财政对东部地区补贴35%、对中西部地区补贴40%。中央财政对新疆生产建设兵团、中央直属垦区等补贴比例为65%。二是养殖业保险。其中，东部地区的能繁母猪和奶牛保险，在地方财政至少补贴30%的基础上，中央财政补贴40%；育肥猪保险，在地方财政至少补贴10%的基础上，中央财政补贴10%。

3.2 补贴范围

湖南省财政厅于2015年9月印发《湖南省农业保险保费补贴资金管理办法》，规定了湖南省农业保险财政补贴的范围。

省财政厅提供保费补贴的农业保险标的为种植或养殖面广、对促进“三农”发展有重要意义的大宗农产品或特色农产品。包括：

（一）水稻、玉米、棉花；

（二）油料作物；

（三）糖料作物；

（四）能繁母猪、育肥猪、奶牛；

（五）森林；

（六）省内特色农产品：包括烟叶、肉鸡、鸭、鹅、甲鱼、湘莲、能繁母牛、柑橘、茶叶、葡萄等；

（七）根据国务院、省政府有关文件精神确定的其他农产品。

对于补贴险种，在补贴地区财政部门补贴一定比例的保费后，省级财政再按一定比例给予保费补贴，其余保费由农户承担，或者由农户与龙头企业、当地财政部门等共同承担。

第五章
农户资金管理注意事项

第一节　资产管理

1　农户资产管理存在的问题

每家农户都拥有一定的资源。比如，拥有一定的承包土地，虽然没有这些土地的所有权，但是却拥有长久使用权，这是农户可以安身立命的根本；有的还拥有山林、房产、庭院；除了基本的生产和生活资料以外，每家还拥有其他资产。农户应该重视家庭资产的管理，把这些财物看成是宝贵资源管好它们，利用好它们。

目前，农户在资产管理上，存在的问题可以归纳为以下几类：

1.1 重财产积累，轻财产的商品化利用

资产在经济上的解释是用以产生收益的财富。如果从这个角度看，财产就是财富，是有价值、有用的东西。财产肯定是财富，但是并不一定是资产，财产只有通过一定的市场交换，经过一定形式的流通才能成为资产。比如说，农户盖的房屋，如果仅仅用于居住，那就只能叫财产，但是如果用它开饭店或出租，这时，就变成资产了。这里，开饭店或出租就是财产的交换和流通，交换和流通的目的就是通过这种流通来获得收益。一些农户经过多年的努力，积累下许多土地、山林、房产、林木和牲畜等财产。虽然财产积累下了，但是却停滞在那里，没有开发利用起来。结果造成手头现金匮乏，而可以利用的财产却在闲置。这种情况就是把财产仅仅看成是“死物资”，没有看成是“活资产”，更没有进行商品化利用。

1.2 重实物管理，轻价值管理

市场经济有一个特征，就是可以把能用来交换的物资都能价值化，都可以用“钱”的形式来表现和反映。因为只有这样，才能把所有的东西用一个尺度反映出来，以便于比较。农户也是一样，也要不断地进行比较，才能知道自己的差距。只有把农户自身拥有的财富和别人的财富都价值化了以后，都用“钱”这一个标准来比较和衡量才能达到比较的目的。农户要经常同政府、银行、其他经济组织打交道，凡是经济上的交往，也都用“价

值”这个指标为主来说话。

在实际的生产和生活中，农户往往缺乏用价值眼光来看待资产，平时注重的是实物管理，对价值管理就往往忽视。大多数农户，善于用脑子记事，不善于用账本记事，致使经济活动缺乏记录而杂乱无章，由此带来巨大的财产损失。

1.3 缺乏分类管理

把各种事物，按照属性分类，然后根据类别的特性进行有针对性的管理，是现代管理的一大特征。这个规律对农户的物资管理也适用。但在目前的多数农户中，对财产的管理，基本上是“一锅粥”式管理为多，家庭的各种物资，在实物管理上，缺乏科学管理意识和手段，在价值管理上不分类别。这种情况，给农户经济和财务管理带来许多问题。

2 农户资产分类

农户理财最要紧的两件事情就是生产投资和对财产物资的管理及利用。要管理并利用好财产物资，首先就要杜绝一锅端的做法，即什么缺了就买什么，什么坏了就换什么，所有的资产管理都混合在一起。这种做法是传统家庭过日子的理财方法，不适应新型农业经营主体的生产经营。如果不对资产分类，就无法分清资产的属性，从而无法准确计算固定资产的折旧，那么在农产品的价格制定上，有可能高于其他农产品供应者，就会出现销售难的问题。同时，在年终决算时，也难以准确计算出每年的总成本和纯收人数。农户理财，一定要在观念上和实际管理中，对资产进行分类，然后再按照资产的特点和属性进行管理和利用。理清资产分类的用意就在于使农户掌握各种资产的属性和特点，以便于管好和用好这些财产物资，避免农户资产闲置，使其真正为农户所用，为农户创造价值。根据农户的特点，农户的全部财产可以分成流动资产、固定资产、农业资产和无形资产。应根据各类资产特点的不同进行灵活应用。

3 农户货币资金管理

农户拥有的货币资金，主要包括手持现金（在会计上叫库存现金，两者可以通用）和银行存款两部分。如果再放大一点，还应该包括外币、国库券等有价证券。这里所说的货币资金只是指库存现金和银行存款两部分。

在农户拥有的所有资产中，现金是最活跃、使用价值最大的流动资产。

现金可以用来购买任何商品，又代表着一个家庭的直接支付能力。如果农户手里持有大量闲置的现金，不仅不安全，而且闲置也意味着资源的浪费。农户需要把现金作为一项重要且特殊的资产进行管理。对农户现金管理总的要求是安全完整、存量适当、使用及时。具体说，应该做到以下几点：

3.1 现金收支有计划

在日常生产和生活中，现金的使用频率最高，应用范围最广，是保证家庭生产和生活这部机器能够运转的特殊“润滑油”，也是最容易被忽略的资产。现金很容易被盲目使用，发挥不了现金的特殊作用。所以，做好现金收支的计划就尤为重要。计划是对未来一定时期的事物进行的安排。农户的现金计划就是对下一个时间段（一个月、半年或一年）的现金收入和支出所做的打算。

农户应该在每月的开始时，编排出当月现金收支表，用以控制家庭当月的现金流动情况。以下的表样可供参考：

农户家庭现金月控制表（　　年　　月）

日期	上月结存	本月支出		本月收入		短缺或剩余	短缺现金筹集办法
		项目	金额	项目	金额		

现金月控制表可以每月编制一次，通过这个表，来计划并控制家庭这一个月中生产和生活需要的现金流动情况。

3.2 保持合理的持币数量

有了计划表以后，就可以知道什么时候需要现金，平时应该保留多少现金了。也就是保持好现金的合理手持数量（或叫库存现金数量）。为了应付各方面需要，平时，农户一定要保持一定数量的库存现金，但是库存现金并不是越多越好，因为资金如果停在现金阶段，就意味着要减少一定的银行存款利息收入，也会丧失掉一些短期投资的机会，同时手持较多的现金还容易发生丢失，即使有隐秘的保管地点也容易出现意外损失。所以，应该有一个合理的限额。可以办一张银行卡，将自定限额内的现金在卡中

保管和使用，把超过限额部分应该及时存入银行定期存款账户中，以便取得较多的银行利息。也可以寻找合适的其他短期投资机会，如购买国库券、政府债券，如果在能确保安全并且又有较高的回报率时，也可以适量购买某种股票，以便获得更多的现金收益。

3.3 重视现金的收入管理

农户的现金收入一般多集中在农副产品销售季节和年中、岁末，平时并不很多。但是现金的支出却是每天都要发生。所以，现金收入和现金支出两者并不是匹配的，并且在数额上也不相等。所以，把现金收入抓好，是理财的关键。农户对现金收入管理的主要目的是：要足额并尽可能加速收回应该收回的现金。

3.3.1 完整及时收回现金

（1）对应收的现金，要及时收回，力争不过夜。同时要坚持先收钱后放物资，在现金没确认收到前物资不出土，即使已经出土也不能运走。否则，后续催收欠款的工作会格外消耗农户的很多精力和财力，发生不必要的收账成本支出，如后续将产生催款的电话费、差旅费、耽误工时费，还有可能形成呆账（呆账是指还款时间已经超过一个月，仍然呆滞在应收款状态的欠款。再严重一步就是坏账，坏账就是很难要回的欠款）。

（2）要足额收，并争取一次结清。有很多不良商人，容易钻农民朴实心理的漏洞，在货款支付上不一次结清，留一点小尾巴，时间一长，农民容易忘掉，商人借此捡一点尾欠的小便宜。如果买家确实属于正常尾欠，也要在应收账款上详细登记，并及时催要。

3.3.2 尽量减少现金的浮游时间

所谓浮游现金是指归农户本人所有和支配的现金，却停滞在银行结算、银行和邮局票据传递、银行划转等状态上，使之暂时无法使用的资金。这部分现金，虽然已经归属本人（单位）所有，但是由于还浮游于以上环节中，暂时不能被本人（单位）所使用，也不能产生利息收入和效益。所以，农户要尽量减少现金的浮游时间，争取早日进入账户，让其早日发挥作用。

（1）如果是产品销往外地的客户，对方不是支付现金，而是需要通过银行划转时，要尽量缩短客户付款票据的邮寄时间。主要的目的是力争使款项早一天到达账户。因为，早一天到达，可以早一天存入银行户头，可以多得一天的利息。如果早一天用于生产经营，可以多增加销售收益。如果用这些钱偿还债务，就可以少支付一天的利息，也少一天的信用损失。所以，应该督促对方选用最快的邮递方式传递票据。

（2）要尽量缩短票据在本人手里停留的时间。在同城结算使用支票支付货款的方式下，要及时将收到的支票存入银行，要做到存款不隔夜。

（3）要加快现金存入银行的时间，使存在银行的资金早一天发挥作用。一般情况下，银行处理业务有三个时间段：

一、存款受理截止时间。是指银行规定的存款受理截止时间。农户只有在这个时间前存钱，银行才会受理此项业务，否则，就算第二天的进账。

二、停止入账时间。是指银行规定的当天银行入账停止的时间。过了这个时间，就转入下一个工作日。如，银行规定 16 点停止入账，农户如果是在 16 点 01 分去存储现金支票，那就意味着这笔款项视为第二天存入的，就少得一天的利息。

三、资金到账时间。是指银行规定的存款人可以支配存款的时间。在这个时间前，虽然款项已经存入银行，但是，存款人还不能动用这笔钱。

农户应该掌握银行的这些时间规定，可以使存在银行的资金在最早的时间内发挥作用，多一天得到利息收入。

3.4 银行存款管理

农户对银行存款的管理主要体现在合理合法开设和使用银行账户上。按照银行规定，私营企业、个体经济户、承包户和农户个人都可以在当地银行开设账户。在银行设立的账户主要有以下四类：

3.4.1 基本存款账户

基本存款账户是农户办理日常结算和现金收付的账户。一般情况下，农户只能在一家银行或信用社的一个营业机构开立一个基本存款账户，不得在不同的银行或信用社开设多个基本存款账户，也不得在一家银行的几个下属机构开设几个基本存款账户。农户生产经营日常开支的现金支取都在这个账户中进行。

3.4.2 一般存款账户

一般存款账户是在基本存款账户以外的银行下属的营业机构开立的账户。一般存款账户是存款人在基本存款账户以外的银行借款转存、与基本存款账户的存款人不在同一地点的附属非独立核算单位开立的账户。存款人可以通过一般存款账户办理转账结算和现金存入业务，但不能办理现金支取等业务。

3.4.3 临时存款账户

临时存款账户是农户组织因临时经营活动需要而在银行开立的账户，如临时性的大额采购等。存款人可以通过该账户办理转账结算和根据国家现金管理规定办理现金收付。

3.4.4 专用存款账户

专用存款账户是农户在银行开设的用于特定用途的存款账户。当农户有大额的基本建设专项资金或其他专门用途的资金拨来时，可以按照管理要求需要办理专用存款账户。

除以上外，如果农户有产品外销或同国外有经济往来，还可以在中国银行的下属营业机构开立美元、港币、日元、马克、法郎等6种币种的外汇存款账户。

农户对以上各种存款账户，要按照银行的要求使用：一是以上账户，只能供存款人办理本身的经济业务，不得出租、出借或转让。二是有足够的资金保证支付，不能签发空头支票。

第二节　投资管理

1　投资品种选择

农户投资理财，主要指农民利用已有的自然条件，开展的以扩大再生产为主的经济活动所涉及的理财活动。

同农户有直接联系的投资活动主要有：适当扩大生产规模方面所引起的投资，如原来饲养5000只鸡，现在要扩大到1万只的规模；原来种植50亩蔬菜，现在想扩大到100亩的规模等；开办新产业进行的投资，如开办农产品加工、开办饭店、开办农家旅游等；购买机器设备以及土木建筑工程等方面的投资活动等。投资活动需要的资金多，对家庭的影响大，并且会持续较长时间，如果投资成功，则会给家庭以后的生活带来更多并且能持续较长时间的稳定收入；反之，如果投资结果不好，则不但会花掉已有的积蓄，甚至日后这个项目还需要不断增加投入，给将来的家庭生活带来沉重的经济和精神包袱。所以，农户对投资必须慎之又慎。

1.1 在种养业上，适当扩大生产经营规模

农业是个靠天吃饭的弱势产业，由于从事农业的人口多，相同的农产品同处在巨大的市场竞争压力之下，销售价格压得很低，单位产品所剩余的利润就比较少，所以对大多数的农业产业来说，要提高利润水平，就要扩大生产规模，靠规模出效益，无论种植业还是养殖业，都要受制于这个规律。以东北粮食主产区的玉米种植为例，在目前的技术水平下，每亩产量可以达到2000斤以上，按照国家的收购价0.75~0.8元计算，刨去生产资料和人工成本，每亩地的利润可以达到800~1000元。在这种情况下，地种得越多，获得的利润也就越多。养殖也是如此，在一般情况下，一个养鸡场产出的普通鸡蛋的市场销售价在0.34元左右，其中养鸡的成本，在一般的管理水平下，占50%左右，平均每个鸡蛋的利润在0.17元上下。在这个前提下，如果养1000只鸡，按照80%的产蛋率，每天的利润在136元左右，养5000只鸡，每天的利润就能达到680元左右。可见，规模是决定农业收益的主要因素。

但是要扩大规模，又要有一定的限度，这里提到的是指适当扩大，也就是在充分利用自然环境条件、家庭经济条件、人力条件和销售条件的前提下进行的扩大经营，并不是一味求大。对一般经济条件的农户来说，充分挖掘和集中资源，适当扩大经营规模，可以收到比原有规模更多的经济效益。

农户在扩大生产经营规模时应重点考虑以下问题：

第一，摸准市场需求脉搏。要扩大规模，首先要看市场的脸色，这个脸色就是市场的有效需求。可以根据往年的市场需求情况，当地该种产品的生产情况，并推测以后的市场前景，只有在确信市场需要，自己生产的产品又能卖出去的情况下，才能考虑扩大规模。由于市场预测不准造成的扩大规模失败的例子比比皆是。

在摸市场需求的时候，一定要注意不同的市场需求，绝不能只顾及一个市场。一是摸清本地市场的需求和供应情况，在供应上有多少缺口，农户自身可以占据多少比例（也可以叫市场份额）。本地市场往往是农产品销售的第一市场，所以，必须要详细一点，要摸清楚。二是摸清国内市场。摸国内市场主要的目的是了解国内的需求趋势。大趋势了解后，还要进一

步了解外地个别地区的需求情况，想投产的产品那个地区是否喜欢，是否有销售市场等。在这些前期工作细致地做完后，才能够据此决定是否扩大生产经营规模。三是顾及国际市场的动态。现在的经济已经是没有国界限制的国际大市场经济，国外同类农副产品的市场动态，迟早会影响到我国，进而影响到国内每一个农户，所以必须要摸清国外的市场变化情况。

第二，注意耕种和饲养条件。虽然，农业生产是靠规模出效益，但是规模要适度，并不是越大越好，其主要原因之一是耕种和饲养条件决定规模效益。

耕种条件主要是指土地的位置、运输条件、土壤条件、水利条件、气候条件、当地人文环境等影响生产的自然和人文环境。这些条件，决定应该种什么，怎么运出去，采用何种耕作方式（是机械化还是人工）等。

饲养条件是指当地的气候、环境、地理等影响养殖的基本条件。耕种和饲养条件同属于自然条件，对农户来说是需要适应的条件，不是靠人为可以改变的因素。如果不顾及这些条件，就容易造成投资失败。有一位农民从1982年起，就开始“捡”别人的撂荒地种，随着村里外出务工人数的不断增多，他捡的荒地也越来越多，种粮的面积也越来越大，现在已经达到250多亩。是当地有名的种粮大户。但是这位多年种粮大户并没有富起来。其原因在于，人工成本与农资价格涨得快，粮食却卖不出价。去年，他下大决心买回了微耕机，本以为可以减少人工成本，提高种粮效益。但是，由于他可耕种的稻田分散，有的是梯田，收割机上不去；有的虽然是平坝，但不连块，邻近的土地上种植的品种又不统一，成熟期也不一样，机器就在地边停着，只好像往年一样请人工收割。他请了20个人忙了一段时间，才收完了200多亩稻田。但是，当年的人工价钱由过去每人每天80元涨到了100元，光工钱就花去了6万多元，加上办伙食杀的两头猪，总共多花了7万元，打好能赚钱的算盘还是落了空。从这个例子可以看出，耕种条件是规模效益的决定性因素，千万不可忽视。

第三，家庭经济条件。扩大规模，就意味着资金投入要增加，包括种子、化肥等农资投入和人工及管理费用的投入等都会增加。增加的资金来源何方，是借贷还是用自己的储蓄？如果是借贷，要衡量一下，农产品收获后预计的成本利润率能否抵上贷款的利率。如果贷款是一分利率，一年下来就是12%。然后预测扩大规模后，会增产多少，可以卖出多少钱，再扣除由于扩大规模所要增加的生产成本（包括材料、工时和各种费用），所剩的余额就是利润。回过头来，再用利润除以生产成本，就是成本利润率。如果成本利润率高于12%，就说明扩大规模是有利可图的，如果低于12%，就意味着白忙活，还可能赔钱。

第四，算好保本点。在做出了扩大生产规模的决定以后，还要算一下保本点。就是产量达到多少才能保住本，不至于亏损。在计算保本点时，先要确定什么是变动成本。我们知道，在从事农业生产经营过程中，要发生一系列的成本费用，也叫农业生产费用。在发生的农业生产费用中，有一些费用，是随着生产的数量成正比例变动着的，如化肥、农用薄膜、农药、雇佣的人工、种子等。如果耕种面积多，这些费用发生的就多，面积少，费用也相对少。随着产量而变动的费用，叫变动费用。除此之外，还有一部分费用，是不受产量变动的影响或影响不大的费用，如农机具的折损（在会计上叫折旧）、借款的利息、管理用房的折损、农场主本人的工资、电费等。这些费用基本上不会随产量的增加而增加，也就是不随产量变动，这样的费用叫固定费用。知道了这些以后就可以计算保本点：就是用预计今年的固定费用总额除以单位毛利。单位毛利，也叫单位边际贡献，是单位销售价格减去单位变动成本后的余额。

举个例子说，农户计划今年扩大玉米种植规模，预计全年扩大种植部分要发生1.5万元固定费用，当年的玉米市场销售价格每斤为0.8元，其中单位变动成本占售价的60%，为0.48元，单位毛利为0.32元。扩大规模后保本产量是：

15000 ÷ 0.32=46875（斤）

经过计算，农户要扩大玉米种植规模，产量只有达到46875斤的水平，才能保住本。如果产量超过保本点以上，就是利润，超过得越多，利润越大。如果产量低于46875斤，就意味着收入抵不住费用，如果要投产，就可能亏损。

第五，在养殖规模的确定上，要注意成本的临界点跳跃。所谓成本的临界点是指在养殖中，规模同发生的费用之间有一个合理的比例关系，当超过这个比例时，成本就会大幅度提高，这个比例就是临界点，发生的成本突增，就是成本的临界点的跳跃。农户在发展养殖时，会经常遇到这种问题。

例如饲养土鸡时，在鸡舍内，每只鸡要占用25~30平方厘米的面积。如果已有250平方米的鸡舍，只能考虑饲养1000只鸡，从人工上安排，以两个人为宜。如果硬要扩大到饲养1300只鸡的规模，就会带来一系列问题。

首先就要扩建鸡舍，然后还要增添人手，这样一来就要发生更多的费用支出，超支的费用，会大于增加这300只鸡所带来的收益。这就是成本的临界点跳跃。

所以在确定养殖项目时，一定要根据饲养品种的科学饲养要求来确定饲养规模，也就是按照标准化要求饲养，不能盲目扩大，否则就是不经济饲养。各种畜禽类饲养标准，可以在当地农业部门的畜禽技术服务部门索取。

1.2 种植品种选择需踩准市场的需求节奏

前面提到，在扩大品种规模时，要摸准市场的脉搏。除了在扩大规模时摸清市场的需求之外，在具体品种的选择上还要注意掌握市场需求的节奏。在种植品种上，我们往往会看到这样的现象：上一年，隔壁种的蔬菜品种卖了好价钱，今年我也种了同样的品种，可是，拿到市场上时，发现同样的产品怎么一下子多起来了，结果价格大跌。这种由于市场数量变化，导致价格变化的现象可以称为市场需求节奏。对农户来说，如果掌握好了需求节奏，种养的品种就始终在赚钱。如果踩不准节奏，会“一步赶不上，步步赶不上”，等到种养的甲产品上市时，正是甲产品数量多，价格下跌时。第二年，农户可能又换成乙产品，等到乙产品上市时又发现乙产品价格下降了，而甲产品的价格又上来了。这就像掉进了一个怪圈里，大半年挣脱不出去，这就是市场需求节奏的作用。

对农户来说，无论是扩大生产规模，还是调换种植品种，都是在原来规模和品种上进行的扩大和调整，都涉及额外的开支，从性质上看，这些都是一种投资行为。在目前完全放开的市场经济条件下，农产品的价格，生产者农民自己说了不算，完全由市场中的供求关系来制定，而农民使用的农资和劳动力价格，农民作为买家也说了不算，也是由市场中的供求关系说了算。所以，农户作为买方、卖方两头说了都不算，而由市场说了算，也就是由市场的供求规律说了算。但市场变化无穷，并且说变就变，不好掌握。尽管如此，也要硬着头皮掌握。特别是种植品种，是决定农民收益的重要因素。无论是主要产粮区的农户还是非主要产粮区的农户，选择好种植(养殖)品种，不仅决定当年的实物收成，而且也决定经济收成。

一般来说，在产品品种的稳定性上，农产品同工业产品不同。在工业企业中，如果确定了生产品种以后，一般是能保持很长的生产时间，一直到产品被市场彻底淘汰后才需要转产，有的能连续生产几十年甚至上百年。但是，农业产品品种却不同。由于农产品受气候、国际和国内经济与政策变动、本地市场相同品种参与人数的多少等因素影响，其市场价格、市场需求量始终处于多变的状态中。农户要想在种植业上取得更多的收入，必须经常调整品种，紧紧地跟着市场的变化，以追逐最好的种植效益。如在主产粮区，国家对玉米、水稻和小麦等主要粮食给予的最低保护价的多少、市场粮食销售价格多少，该种作物消耗农资成本的多少、国家财政给予的补贴多少，这些因素往往像“指挥棒”一样，指导和影响农户选择种植品种。如果某种粮食的市场价格高，国家补助的费用也高，能够抵偿农资的成本，这种粮食就会成为农户首选的种植品种，如果经济作物利润高，农户就会放弃主要粮食作物的种植，改种有利可图的经济作物。那么，农户如何在调整种植品种过程中能不陷入怪圈，取得理想的效益，以下几种方法是值得参考的：

1.2.1 逆向思考，算好经济账，适时调整

在这里，有两种策略可以参考：一是以不变应万变。在一段时间里，种植的品种保持相对稳定，看准了市场的变化，保持种植品种的稳定。第二是适时权变，即时调整。看风向要变，及时更换种植品种。无论是哪种策略，算好经济账是第一位。

在算经济账时，选择种植品种时要注意躲开“跟风”的陷阱。对农户来说，在种植品种上，有一个通常的做法就是价高进，价低退。由于大家都这样做，结果市场上出现这样一种现象：甲种农产品上年价格高，今年大家就会蜂拥而上。第二年，市场上的该种农产品数量大增，导致价格下降，由于大家都种甲种产品，会导致乙种产品数量少，价格上升。第三年，大家又会蜂拥而上乙种产品。第四年乙种产品又出现价格下降，甲种产品的价格又回升了，大家再转向甲种产品。这样不仅弄得人疲惫不堪，而且挣不到钱，因为等到农户卖的时候，是价格最低的时候，踩在了不赚钱的市场节奏上。避免掉进这样的循环陷阱中，应该注意以下几点：

（1）眼睛盯住政府近期与此有关的大政方针。前面提到，国家和各级政府为了保证各个时期的农产品需求，会根据宏观情况，适时发布一些告诫性的信息，以引起各级政府、有关部门、生产单位的注意，以便提早预防。这些信息，反映的是宏观需求和供给情况，是大的趋势，是对农民最实用的参考信息。如 2008 年，生猪存栏数量少，国家适时提出了饲养生猪的好处等信息。又比如国家领导人最近关注的事情就是宏观上需要加强的地方，如国家领导人到农村了解农资使用的信息，就意味着国家将出台农资补贴

等相关政策。紧紧盯住国家和各级政府公布的大政方针，然后及时地进行调整，就会保证农民稳定的收入。例如2008年的生猪饲养，最先按照国家发布的信息进行增加生猪饲养的农户都赚了大钱，而后来跟风的，却赔了钱。如果农户能够紧紧盯住国家政策上的变化，及时调整种植品种，就可以得到稳定的收入。所以，农户要紧紧盯住国家形势，按照国家一定时期的要求适时安排种植。所谓适时就是动作要快，如果错过时机进行调整，市场就会变成另外一种情况了。获取信息最好的途径就是从报纸、电视和广播中获取。所以，农户应该注意收集这些信息，有的时候，收集和阅读信息等于在挖掘金矿。

（2）关注国际形势变化，及时调整。从中国加入关税贸易总协定（以前叫世界贸易组织，即WTO）到现在，中国的市场包括农业市场，就不单纯是中国的了，而是世界的了。外国政治、经济形势的变动，多多少少都会影响到国内市场。2008年8月份，美国发生了金融危机，不出几天就传到亚洲，日本、韩国等都相继传染。为了应付危机，这些国家相继减少农产品进口，造成我国以外贸出口为主的种植业产品出口受到了影响。现在的市场经济像一根绳子把世界各国拴到了一起，一个国家出了问题，别的国家按照联系的程度也会相继出现问题。所以，农户必须"眼观六路，耳听八方"，逐渐积累"运筹于帷幄之中，决胜于千里之外"的知识储备和信息来源。

1.2.2 选优良品种，依靠新科技发财

种子是农业不可替代的重要生产资料，优良的品种，是研究人员经过多年的实验室研究，并经过多次在土地上反复试验，又经过层层审核才允许在种子市场上使用的特殊商品。在种子管理上，我国实行计划管理，没有实行完全的市场化，其目的就是保证种子的质量安全可靠。农户在选购种子时，一定要到当地农业行政部门管理的种子公司购买，不能到市场上采购。并且要谨防商家"忽悠"，确保种子的可靠性。同时，还要积极采用新的耕种技术。

1.2.3 要考虑环境和动物保护及国际时尚的发展趋势

环境保护和动物保护是人类文明的象征，也是人类为了保护自己，经过长期观察积累而形成的观念。这些观念直接影响农业生产。比如，现在的消费趋势逐渐偏好于原生态产品，野菜、野果、野生鱼类等成为市场饮食消费的热点；另一个消费热点则是绿色和有机农产品，这些农产品虽然不是野生的，是人工生产出来的，但是是按照国家规定的农药使用标准和施用农家粪肥来生产并按照传统办法加工的，这些都是消费市场的主要发展趋势。农户在种植和养殖及加工中，就要注意这些发展和变化趋势，按照这个趋势去组织生产和销售。

国际时尚是指在一定时间内，国际上流行的饮食、穿着、生活用具等方面追求和崇尚的风气。以上提到的追求原生态食品和绿色食品的风气，就是当前的国际饮食时尚。又如，盛装食品的篮子，流行用柳编制品而少用化学、塑料制品；棉布或亚麻、丝质也成为国际上衣着使用质料的流行时尚，而逐步取代化纤类制品。对这些趋势和变化，农户也要有所掌握，如果不注意掌握这些变化，也会给投资带来不利的后果。

1.3 眼睛盯住国家的“三农”政策

经济活动是由“政府、市场和民俗”这三只手来左右着的。其中政府这只手是能看得见的手，主要通过政策约束、舆论导向和经济支持（如财政补贴）来引导生产和消费方向。根据目前农村劳动力、土地的实际情况，国家制定了一系列“三农”政策。其根本目标就是逐步缩小城乡差别，实现城乡一体化。具体的目标是农业生产现代化、农村建设城镇化、农民生活市民化。围绕这些目标，又制定了一系列的引导和鼓励性质的政策，比如眼下迫切需要解决的是农民增收、加强农业基础建设、农村的小城镇建设等政策。每一项政策后面，都带着资金支持。农户应该及时了解并大胆运用这些政策。

1.3.1 小流域综合治理

所谓小流域是指相当于由一条坳沟或河沟沟道为主体所构成的，以分水岭和出口断面为界的一个独立而完整的自然集水区域，是山地和丘陵区的基本地貌组合单元。其范围没有固定的标准，一般在5~30平方千米。小流域综合治理是指在小流域内，在全面规划的基础上，建立水土流失综合防护体系，达到防治水土流失，合理利用土地资源的过程。通过治理，达到生态效益、经济效益和社会效益协调统一。在治理过程中，需要一些开发和预防性的工程，如栽树、整理河道、修建水坝、土地整理等，在进行这些项目时，需要劳动力。这些物资和劳动力方面的需求，农户可以提供，有技术条件的，也可以承包某项工程。所以，小流域治理过程也是农户投资和提供劳务活动的好时机。

1.3.2 农业专业化和集中化建设

当传统农业发展到一定阶段后，就要向更高一个层次发展，那就是现

代农业。主要的表现是从小商品经济向市场经济过渡。现在，一些发达国家已经先于我国跨入了现代农业的门槛，如英国、日本、欧洲发达国家。现代农业的一个主要特征就是实现农业专业化。所谓农业专业化是指农业生产单位（各农户）之间实行明显的社会分工，各单位逐步摆脱“小而全”的生产结构，生产项目由多到少，由分散到集中，由自给自足转变到专门为市场生产某种农产品，其他生产项目或者降为次要的地位，或者成为从属的、辅助的生产部门，甚至完全消失。农业专业化包括农业生产专业化、农艺过程专业化和农业区域专业化三个方面。

农业生产专业化是指把传统农业的“一锅烂炖”的生产过程，分解成不同的生产单位，大家各做自己的专业部分，从而可以极大地提高产量。比如，可以把农产品生产、加工、销售混为一体的生产经营方式，分解成专门从事生产、农产品加工和农产品销售的三方面专门生产经营单位，这样可以一门心思地从事一种产业，以提高生产效率。

农艺过程专业化又叫农业作业过程专业化，即把生产某一种农产品的全部作业过程分解为若干个阶段，分别由不同的专业化的生产单位来完成。比如家畜饲养中的养鸡产业，可以分成育雏、饲养、鸡蛋和鸡销售等三个单位，各自从事专门的工作。这样可以保证产品的质量和产量始终处在最专业管理的程度上。

农业区域专业化又称农业生产区域化，是指根据所在区域的特点，形成专门集中生产某种农产品的专业化地区。比如，我们国家经过多年的调整和长期演进，在东北平原上已经形成玉米生产带、大豆生产带、水稻生产带和杂粮生产带；新疆、内蒙古形成棉花生产带、畜牧生产带；中原大地形成小麦生产带、玉米生产带；华中和华南地区形成水稻生产带、果蔬生产带等。这些地带，生产品种相对集中，农场经营规模不断扩大。小规模的家庭农场逐渐减少，代之而起的是大规模经营的农场。

1.3.3 农工商一体化，产供销一条龙

在以上生产环节的专业化分工的基础上，实行农工商一体化，产供销一条龙，这是农业产业化最突出的表现形式。它主要是在农业企业集团、农业联合体内部，通过某种经济约束或协议，把不同农业生产单位的生产过程各个环节纳入同一个经营体内，形成风险共担，利益均沾，互惠互利，共同发展的经济利益共同体。如我国的“蒙牛”“伊利”等乳制品联合生产企业，从奶牛的饲养、原奶的收购运输，到乳制品的精加工、产品的销

售和出口进行一体化经营，不仅效率高、周期短、生产成本低，而且随时可以根据市场的需求变化调整产品的品种和数量。

1.3.4 服务社会化

随着农业产业化发展，对产前、产中、产后各个环节上的科技、防疫、信息、科研服务，也带来了相应的需求。服务社会化就是把这些需要，由社会化服务提供，由社会成立专门机构来为农户提供以上服务。

以上所提到的是在国家政策的引导下，我国“三农”事业发展的趋势。这些发展性趋势，有的已经临近，有的已经成型。这些发展性的东西有的离目前的大多数农户还有一些距离。但是，市场经济就是一条无形的绳索，它把所有的经济单位都绑到一起，同呼吸，共命运，一损俱损，一荣俱荣。农户应该积极投入精力，争取在新农村建设中发挥出应有的作用。

1.4 农户投资的多样化

以上介绍是围绕农业的种植、养殖方向的投资问题。除此之外，在党和国家三农政策的逐步落实情况下，农村的投资环境越来越好，投资利益越来越诱人，一些有远见的投资人，投资方向已从城市向农村转移。在这个大好环境下，除了农业之外，农户还有更多的其他领域的投资机会。目前，各地农村比较热门的投资有：

（1）农产品的深加工。比如小食品加工、蔬菜加工等以小作坊形式围绕农产品的深层次加工。

（2）来料加工。主要是利用农村的家庭住所和劳动力，同企业联合，由企业提供原料和工艺要求，进行来料加工的家庭小工厂。例如，湖南省祁阳县有六万多农民，不出家门，在家里办起了来料加工、帮企业搞种植和养殖加工等产业，他们同企业签订合同，由企业提供机器、设备、原料和半成品等，按照企业要求加工，完成后，由企业提回成品并付给工资或加工费，收到了可观的经济效益。

（3）开办农家旅游、饭店和休闲服务产业。这是目前农村中最热门的投资。主要是利用农家的田园、院落和附近的山川美景，开办吃、住、玩、行、田园兴趣劳动为一体的农家旅游，也有的叫乡村游。也有的单独开办农家饭店，为城市游客专门提供带有农家特色的饭菜，有条件的农户，还开办了带有城市色彩的洗浴、美容等休闲服务产业。通过开办这些产业，使山村自然环境变成了生产力，也使农村生活更加丰富多彩，加快农村向城镇化方向转移，也使农户开辟了新的致富之路。

（4）举办其他服务产业。村镇银行、土地流转服务中介、农业科技服务、新优特品种推介服务、庄稼施肥和防病服务、农业科技教育服务等其他服务产业，也逐渐由城市向乡村转移。举办这些产业，农户可以以入股、入伙、提供劳动力、提供场所等形式参与其中。

2 同农户投资密切相关的经济组织

前面我们主要介绍了投资过程中需要了解的经济学知识和投资需要把握和注意的一些问题，主要是为了给农户的投资理财奠定理论基础。在农户的投资理财过程中，有一些投资活动是要同别人合作，共同开发和经营项目，如利用土地、山林和住房同别人合作开办一个加工厂，同别的投资人合伙开办一个养殖公司，或者，同若干个志同道合的乡亲开办合作社，等等。同别人合作，相互间就要有规范的合作方式。为了便于农户投资中能同别人更好地合作，所以，还要介绍我们国家在法律上确定的企业组织形式。目前，我们国家的企业组织形式主要有：

2.1 联营企业

联营企业，是指不同的企业、经济组织或个人，在共同需要的基础上，按照自愿、互利、平等的原则组成联合经营的企业。它不受所有制、隶属关系和行业、地区的限制，可以组成工商联营、农商联营、工农联营、工贸联营、农工商联营等。联营的形式主要有：合资建设、合资经营、合作经营等。联营后组成新的经济实体时，要独立承担民事责任，具备法人条件的，经主管机关核准登记，取得法人资格。企业之间或者企业、事业单位之间联营，共同经营，不具备法人条件的，由联营各方按照出资比例或者协议的约定，以各自所有的或者经营管理的财产承担民事责任。

在签订联营合同时应该注意，联营各方不管是什么性质的企业和事业单位或者个人，也不管单位的规模大小，在联营中的法律地位一律平等。联营合同是在各方自愿、平等、互利的基础上签订的。

在联营企业的管理权上，一般是按照投资额的多少来确定主要管理权。例如：甲乙两个法人企业共同出资成立丙公司，甲占丙公司51%的股权，乙占49%的股权，那么，丙公司对于甲公司来讲就叫做控股子公司：丙公司对于乙公司来讲，就是联营企业。

2.2 中外合资经营和中外合作经营

中外合资企业，是指中国的合资者（包括企业和农户个人），与外国的合资者依照中国法律的规定，在中国境内共同投资，共同经营的，并按投资比例分享利润，分担风险及亏损的企业。

中外合作经营企业,是指中国合作者与外国合作者依照中国法律的规定，在中国境内共同举办的，按照合作企业合同的约定分配收益或者产品，分担风险和亏损的企业。

中外合资企业和中外合作企业两者的区别在于：

2.2.1 组织形式不同

合资企业的组织形式为有限责任公司，具有中国法人资格。而合作企业的组织形式则分为两种：符合法人条件的、可以依法取得中国法人资格的合作企业（称法人合作企业），采取的是有限责任公司的组织形式；不具备法人条件的合作企业（称非法人合作企业），采取的是无限责任的形式，如同外国人合作做一笔买卖，在买卖结束后，两人的合作关系自行解散。

2.2.2 出资方式不同

合资企业各方可以用货币出资，也可以用非货币的建筑物、厂房、机器设备或其他物料，工业产权、非专利技术、场地使用权等作价出资，各方的出资额以货币形式表示，并折算成股权；而合作企业各方的出资，属投资的以货币形式表示，属提供合作条件的（如提供厂房等），则不以货币的形式表示，且均不必计算成股权。

2.2.3 权力机构和经营管理机构不同

合资企业的最高权力机构是董事会；而合作企业中只有法人合作企业才能设立董事会；非法人合作企业则设立联合管理机构，此种权力机构虽有权决定合作企业的一切重大问题，但它不是最高权力机构。合资企业的董事长是企业的法定代表人，合作企业则不一定，因为法律没有明确规定。在经营管理上，合资企业实行董事会领导下的总经理负责制；而合作企业中的法人合作企业经合作各方同意，还可以委托第三方进行经营管理；非法人合作企业在联合管理机构下，可设经营管理机构，也可以不设经营管理机构而由联合管理机构直接管理企业。

2.2.4 盈亏分担方法不同

合资企业合资各方只能按在企业注册资本中所占的比例来分配收益、承担风险和亏损；而合作企业则依照合作合同的约定来分配收益、承担风

险和亏损。

2.2.5 经营期满后企业财产的归属不同

合资企业合作期满，清偿债务后企业的剩余财产一般按合营企业的投资比例分配；而合作企业的合作期满，清偿债务后的财产按合作合同约定确定其归属，如果约定外国合作者在合作期限内先行回收投资的，则合作期满时，合作企业的全部固定资产归中国合作者所有。

2.2.6 投资回收方式不同

合资企业不采取让外国合营者在合营期限内提前回收其投资的方式，其投资的回收主要靠：在合营期限内按出资比例分取的利润和在企业依法解散时划分的财产；而合作企业的外国合作者则可在合作期限内先行回收投资。

2.3 我国私营企业形式

我国目前的私营企业共有三种组成形式：即个人独资企业、合伙企业、公司。

个人独资企业是指在中国境内设立，由一个自然人投资，财产为投资人个人所有，投资人以其个人财产对债务承担无限责任的经营实体。

合伙企业是指在中国境内设立的由各合伙人订立合伙协议，共同出资、合伙经营、共享收益、共担风险，并对合伙企业债务承担无限连带责任的营利性组织。

公司是指以营利为目的依法设立的具有法人资格的经济组织。在我国，公司可分为有限责任公司和股份有限公司两种形式。有限责任公司是指股东以其出资额为限对公司承担责任，公司以其全部资产对公司的债务承担责任的法人企业。股份有限公司是指由一定人数以上的股东组成，公司全部资本分为等额股份，股东以其所持股份为限对公司承担责任，公司以全部资产对公司的债务承担责任的企业法人。

2.4 农民专业合作组织

从 2007 年起，我国《农民专业合作社法》开始实施。所谓农民专业合作社就是把农村里一家一户的农产品生产者、经营者，或是为生产经营提供服务的人，以及从事农产品加工者，把这些同类的（或者称为有关联的）左邻右舍组织起来，再吸收一些在市场闯荡中有一定经验的农产品种植、加工、运输、销售的“专业能人”，按照自愿原则组合起来，成为一个有法人资格的并带有企业性质的经济组织。它的特点就是主要服务合作社内的成员，服务内容主要是提供农业生产资料的购买，农产品的销售和加工、储藏和运输等业务以及与农业生产经营有关的技术和信息等服务，是由农民自主成立的互助性质经济组织。

农民专业合作社主要是围绕当地的产业优势和市场前景来组建并开展生产经营活动。比如，山区的农村可以成立畜（禽）养殖、蚕桑养殖加工、中草药种植等初级加工合作社；地处平原的农村则可以成立果蔬生产合作社；沿海地区的农村则可以成立水产养殖、加工合作社等。农民通过组成专业合作社，可以扩大生产能力，扩展销售能力，加大抗拒市场风险的能力。而且，以产品优势为龙头，还可以形成加工、销售的深一级产业链，把产业做大。做大后，还可以带动当地的其他相关产业也一同发展，共同致富。目前，我国各地农村已经兴起了举办“农民专业合作社”的热潮。据统计，目前全国 2.36 亿农户中已经有 13.8% 的人成为农民合作组织的成员。从近两年已经成立的专业合作社看，经营效果也很好，成员通过盈余返还和股金分红等都增加了收入。可以说，农民专业合作社是依附在农业这个弱质产业上的富有朝气的农业生产经营组织形式，是新时期农民自发组建的集体组织。农民通过发展农民专业合作社，从农产品生产向销售、加工深层次发展，更好地稳定了农村家庭承包经营责任制，成为农民致富的一条有效途径。在促进农业发展、农民致富和农村向城镇化发展上也有着光明的前景。可以预见，争相成立农民专业合作社，将成为下一步新农村发展的又一个热点。

3　如何开发项目投资

所谓项目投资是一种以某一个项目为对象，新建或更新改造所进行的长期投资行为。项目投资按其涉及内容还可进一步细分为单纯固定资产投资项目和完整投资项目。单纯固定资产投资项目，是指在投资中只包括为取得固定资产而发生的资本投入的项目，在这样的项目中，不包括建成后生产周转所需要的资金投入；完整投资项目是指不仅包括固定资产投资，而且还涉及建成后周转用的流动资金投资，甚至包括其他长期资产项目如无形资产等方面的投资。这里所说的，主要指单纯固定资产项目的投资。

3.1 农户项目投资的特点

在农村地区，会经常遇到修建一个土建工程，如修筑一个蓄水坝，建造一幢房屋，建造一个烘干室；或者开发一个项目，购买一项农用设备，发展一个养殖或种植事业等。这些项目的投资对农户的经济活动有重要的

经济意义。修建房屋可以给农户扩大生产提供场所；购买设备，可以提高劳动效率和产品质量；开办一项事业，可以为日后的生产生活带来更多的发展机会，也会带来更多的经济利益。比如，福建省为了提高农业种植和收割效率以节省更多的劳力，在农村积极培育农机示范专业户。莆田市平均每户农民拥有新式插秧机 6 台，去年春耕，一户就插秧 1250 亩，收入 15 万元，扣除雇工工资、油料耗用、购买机器、当年应该分担的折旧等各种费用，一个春天下来，纯收入达 5 万元。所以，农户想扩大生产和经营规模，想加工农产品，就需要增加土建工程和购买设备的投入。如果想提高加工产品质量，还需要购买更高精的加工设备。对农户来说，设备和设施的拥有量，是证明这个农户经济实力和经济水平的主要标志。想在生产或农产品加工领域施展拳脚，就要考虑不断地增加对固定资产的投入。比如，山东省枣庄市农户拥有生产性固定资产结构呈现多元化、实用化、高档化的趋势。到 2008 年末平均每百户农村居民家庭，拥有房屋及建筑物 2693 平方米、汽车 5.6 辆、大中型拖拉机 5.7 辆、小型和手扶拖拉机 13.5 辆、农用动力三轮车 14.3 辆、机动脱粒机 4 辆、收割机 1.1 台、水泵 18.6 台和役畜及产品畜 24.8 头（只）。新疆维吾尔自治区奇台县是个农业县，近两年农民加大生产性固定资产的投资力度，投资的方向主要是用于建蔬菜大棚、温棚暖圈等农业设施，购置播种机、中耕机、扬场机、水泵、小四轮、喷雾喷粉机等生产性农用机械设备，相比之下，生活类支出有所下降。可见，农村中的农户个人增加生产性固定资产的投入已经呈现出高涨的势头。

项目投资不同于购买日常耗用的化肥、农药等农业生产流动性物资，它的特点是：

3.1.1 项目对资金的需用量较大

在农户的项目投资中，无论是购买设备还是建造设施，都要花费较多资金，有的甚至要耗费农户的大部分积蓄。所以，农户要想搞项目投资，必须要有相当的资金准备。

3.1.2 投资对家庭经济影响的时间长

一般的投资项目，建设和购置过程需要花费一定的时间，投资的资金回收也需要比较长的时间。在这段时间内，占用在此项资产上的资金用途不可改变，资产长时间地保持相对固定的状态。这种状况，会长时间地限制农户资金的流动。如果对家庭的资金盘子不清楚，资金的支出结构安排不周，就会造成因为上一个投资项目而使全家生活和简单生产整体资金拮据，家庭经济陷入全面被动的地步。

3.1.3 项目用途的不可改变性

一般情况下，农户的项目投资一旦投产后，其用途就不可作别的改变。比如，不能将未建成的厂房改成交通工具。水坝建设中途也不能改作住房用。特别是专用设备的投资项目，如果决策失误，其实物无法改作他用，有的会彻底报废，成为一堆废铁，其价值也无法收回。

由于以上的特点，要求农户在项目投资上，一定要科学研究，周密规划，慎重决策，在做好充分论证的基础上再动工，确保技术和经济两方面都可行。

3.2 项目投资的评价

在项目投资前，首先要有投资意向。投资意向是投资的初步设想。比如，农户经过观察，发现这一片居民中没有农家饭店，又掂量了一下家底，感觉有这个能力，就萌生了想开办农家饭店的意向。在有了投资意向以后，接下来的工作是要进入以下环节：

3.2.1 评价项目投资

所谓项目投资评价是指在项目没有确定前，事先进行的论证。主要分为技术评价和财务评价两部分，财务评价也可以叫商务评价。对项目投资的技术评价主要是论证项目在技术上是否可行，主要包括生产工艺技术、社会价值及环境保护等方面的可行性。比如开饭店就要先看饭店的地点设在哪里最好，能否请到好厨师，饭店的废水怎样排放，饭店的鼓风机等产生的噪声对周边居民的影响等。这些技术方面的评价工作应该请饭店经营方面和工程技术方面的专家来进行。

财务评价则主要看这项投资项目在经济和财务上的合理性和项目的未来盈利情况。财务评价主要有以下几个步骤：

（1）提出几个投资方案进行对比。为了使投资项目在经济上和技术上确实是最好的，保证投资项目的质量是较好的，所以，农户对项目的投资应该多考虑几个方案，然后进行筛选，从中选优剔劣，不能从一而终。各种方案最好能来自不同角度，能反映各方面意见。如果开饭店，就要根据客流量，在饭店的规模上、饭店的饭菜和服务特色上、需要的人工上多设计几套方案，然后对比，从中选优。

（2）估算选定方案的现金流，确定这个项目可能的现金流入量。现金流就是指事先预计的在项目投产后能够取得的收入流量。如开饭店，就要预计每天会有多少销售收入，其中会有多少赊销的，现金收入会有多少。

（3）计算该项投资有关的价值指标，如净现值、回收期等并提出财务评价结论。

（4）由决策人对技术评价结论和财务评价结论进行汇总评价，形成最后的决策。

3.2.2 估算项目的现金流量

以上进行的是确定投资大的方向。仅有这些还不够，还要进行更细致的工作，其中估算现金流量就是农户在对项目投资中重要的一步，只有在现金流量确定后，才能依据现金流的情况确定是否投资。这里所说的现金是大范围的现金，它包括现金、银行存款等货币资金和投资项目实物折价后的变现价值。变现价值就是该投资项目的财产实物变成现金的数额，一般是指在该项目终止时的实物折价和设备报废时的变价收入等。估计现金流量主要进行以下方面工作：

（1）现金流量的构成。在项目决策中，现金流量是指投资项目在整个投资周期内发生的现金流入和流出的数量。主要包括：

一、现金流出量。是指在建造过程中和工程项目竣工投产后发生的现金支出。主要有三方面的现金支出。

第一是建设投资中的现金支出。主要有固定资产的购置成本、建造费用、运输成本及安装成本和购买无形资产的支出、初期的开办费等。这些支出是项目投资的主要现金流出。比如开饭店就要准备好购置冰柜、运货汽车、设计和书写招牌、桌椅板凳等设备购置和其他先期准备。

第二是投产后生产经营中需要垫支的流动资金。这是由于项目投资后，生产能力扩大，而引起的流动资金需求量增加所形成的现金流出。开饭店，就要准备开业后每天采购食品、物品等流动性费用。

第三是固定成本。又称为付现成本，是指在项目投产后，为满足生产经营需要而发生的各项固定成本费用，如人员工资、办公费、水电费、卫生费等。

二、现金流入量。是指项目投产后所引起现金收入的增加数量。主要包括：

第一是产品销售收入。是指由于该项目上马后扩大了生产能力，使销售收入增加的数额，这部分是主要的现金流入，可以按项目经营期内有关产品的预计单价和销售量计算。

第二是固定资产变价收入。是指投资项目的固定资产在报废清理或中途出售转让处理时所得的变价收入。

第三是回收的流动资金。是指投资项目经营期完全终止时而回收的原垫付的流动资金。

（2）现金净流量。投资项目产生的现金净流量是指一定时间内，经过以上计算得出的现金流入量与现金支出量的差额。其中的一定时期是指 1 年内或投资项目的整个年限内。现金流入量大于现金流出量的，净流量为正值，反之为负值。可以用公式来表示：

现金净流量 = 销售收入 – 付现成本 – 应缴纳的税金

= 销售收入 –（成本 – 折旧）– 应缴纳的税金

= 利润 + 折旧 – 应缴纳的税金

= 净利润 + 折旧

以上的付现成本，是指在成本总额中扣除折旧部分。

例：农户投资的农家饭店项目，经计算该方案投产后年销售收入 100000 元，年销售成本为 35000 元，其中房屋折旧 15000 元，各种税收的税率为 10% 计算该项目年现金净流量。

付现成本：35000–15000=20000（元）

税前利润：100000–35000=65000（元）

税后利润：65000 ×（1–10%）=58500（元）

现金净流量：58500+15000=73500（元）

应注意，农户经营饭店属于服务经营范畴，涉及税种有营业税、城建税、教育费附加、个人所得税、房产税、土地使用税、帮困基金、水利基金、文化事业费等。但目前仅征收营业税、城建税、教育费附加和个人所得税四种，其他税金未征收。在实际征收中，税务部门采用按月额征收的办法。开农家饭店要在领取营业执照之日起 30 日内，向当地税务局申请领取地税税务登记号。带上营业执照的副本及复印件，还有经营者的身份证。

3.2.3 项目投资的评价

在投资项目的现金流量估算出来后，还不能立刻判断这个项目是否可行，还要采用一定的方法对投资方案进行评价，根据评价的结果再最终决策。在评价中，如果方案的收益大于成本，则该方案是可取的。如果几个方案的收益都大于成本，则应选择净收益额最大的方案。项目投资的评价方法主要有：

（1）投资回收期法。投资回收期法是投资项目评价中常用的方法，它

是根据回收初始投资额需要多长时间来判定该方案是否可行的方法。对投资人来说，总是希望尽快地收回投资，投资回收期越短，对投资者越有利，根据这个规律，就把投资回收期作为主要评价指标来对待。在使用投资回收期法下，对有几个投资方案的项目来说，回收期短的那个，就是应该首选的项目。

农户在进行投资评价时，首先要设定一个期望回收期，然后将投资方案的回收期同期望回收期相比较，如果投资方案回收期小于或等于期望回收期，此方案可以采纳；如果大于期望回收期，就认为这个方案与自己的愿望不相符，所以不予采纳。比如开饭店时，房屋的租赁期为 10 年，预计第五年收回投资，那么这个 5 年，就是期望回收期。如果同时有几个投资方案可供选择，应该比较各个投资方案的回收期，优先取时间短者。投资回收期又有两种计算方法：

一、静态投资回收期法。静态投资回收期就是不考虑资金的时间价值，直接按照收回项目初始投资额所需的时间来判定该方案是否可行的方法。投资回收期的计算，因每年的现金净流量不同而有所不同。

如果每年的营业现金净流量相等，投资回收期可按下式计算：

$$投资回收期=\frac{初始投资额}{每年现金净流量}$$

如果每年的营业现金净流量不相等，则投资回收期的计算需要先计算每年末尚未收回的投资额，然后再计算投资回收期。

例：某农户计划兴建一项目，有关资料见表所示，可分别计算甲、乙两个方案的投资回收期。

投资方案现金净流量计算表 元

项目	第 0 年	第 1 年	第 2 年	第 3 年	第 4 年	第 5 年
甲方案						
固定资产投资	-15000					
营业现金流量		4200	4200	4200	4200	4200
现金流量合计	-15000	4200	4200	4200	4200	4200
乙方案						

固定资产投资	-12000					
流动资金垫支	-3000					
营业现金流量		3800	3560	3320	3080	2840
固定资产残值						2000
流动资金回收						3000
现金净流量合计	-15000	3800	3560	3320	3080	7840

甲方案每年的营业现金净流量相等，计算如下：

$$甲方案投资回收期=\frac{15000}{4200}=3.57（年）$$

乙方案每年的营业现金净流量不相等，需要先计算各年尚未收回的投资额，然后再计算投资回收期。

元

年度	每年现金净流量	累计现金净流量	年末尚未收回的投资额
1	3800	3800	11200
2	3560	7360	7640
3	3320	10680	4320
4	3080	13760	1240
5	7840	21600	—

$$乙方案投资回收期=4+\frac{15000-13760}{7840}=4.16（年）$$

从上述计算结果可以看出，甲方案的静态投资回收期短于乙方案，在同等条件下应首先考虑甲方案。

静态投资回收期法的优点是易于计算和理解。主要缺点在于：一是没有考虑资金时间价值。二是只考虑了回收期内的营业现金净流量，没有考虑回收期满后的营业现金净流量。所以，它还有一定的局限性。

二、动态投资回收期法。动态投资回收期是按计划投产的产品的行业的基准收益率或设定的折现率，以折现的营业现金净流量作为计算基础，计

算收回初始投资额所需的时间的方法。

例：根据以上例子中有关数据，假设以 10% 为折现率，计算以上介绍的甲、乙方案的动态投资回收期：

两个方案的初始投资额均为 15000 元，列表计算下表。

元

方案	年序	现金净流量	复利现值系数	折现的现金净流量	累计折现的现金净流量	年末尚未收回的投资额
甲方案	1	4200	0.909	3818	3818	11182
	2	4200	0.826	3469	7287	7713
	3	4200	0.751	3154	10441	4559
	4	4200	0.683	2869	13310	1690
	5	4200	0.621	2608	15918	—
乙方案	1	3800	0.909	3454	3454	11546
	2	3560	0.826	2941	6395	8605
	3	3320	0.751	2493	8888	6112
	4	3080	0.683	2104	10992	4008
	5	7840	0.621	4869	15860	—

各投资方案的动态回收期计算如下

$$\text{甲方案投资回收期}=4+\frac{15000-13310}{2608}=4.65\text{（年）}$$

$$\text{乙方案投资回收期}=4+\frac{15000-10992}{4869}=4.82\text{（年）}$$

表中所提到的“复利现值系数”可以在复利现值系数表中直接查到。从上述计算可知，甲方案的动态投资回收期短于乙方案，可以选用甲方案。

投资回收期法的优点是一目了然，容易计算也容易理解。这种方法突出了评价项目的主要方面——回收期。因为任何投资项目，能越快收回投资就越好。任何投资，如果不能在一定时间内收回，那就是一项失败的投资项目。特别是对于那些高新技术投资项目或对技术设备更新换代要求快的行业，投资者更希望投资回收期越短越好。所以，投资回收期法是比较常用的评价方法。

（2）净现值法。净现值法是借助净现值指标对投资方案进行评价分析的一种方法。净现值是指将投资项目投入使用后的现金净流量，以资金成本或投资者本人要求达到的最低报酬率为折现率折算为现值，再减去初始投资后的余额。实际上就是比较现金流入的现值和现金流出的现值，看看哪个大，如果所得是正数，就叫正净现值，如果是负数，就叫负净现值。其计算公式为：

净现值 =（某年的现金净流量 × 复利现值系数）– 初始投资额

采用净现值法的判断标准是：净现值≥ 0 为可行方案；净现值 <0 为不可行方案。如果几个方案的投资额相等，且净现值都是正数，那么净现值最大的方案为最优方案。

例：根据前表的资料，分别计算甲、乙两个投资方案的净现值如下：

假如甲方案投入使用后每年的现金净流量相等,可按年净现值一次计算。折现率为 10%，期限为 5 年，查表得年净现值系数为 3.791，则甲方案的净现值计算如下：

净现值（甲）=4200 × 3.791–15000=922.2（元）或 =15918–15000=918（元）

两种计算的结果虽然略有差异，但是都可以采用。

乙方案投入使用后每年的现金净流量不相等，可按复利现值进行计算。折现率为 10%，期限为 5 年，各年的复利现值系数已给出，则乙方案的净现值计算如下：

净现值（乙）=3800 × 0.909+3560 × 0.826+3320 × 0.751+3080 × 0.683
+7840 × 0.621–（12000+3000）
=860（元）

通过上面计算看出，两个方案的净现值均大于零，故都是可行的，但甲方案的净现值大于乙方案，重点可以考虑甲方案。从以上举例可以看出，一个投资计划，如果它的净现值是零，那就是说，该项投资计划的收益刚好同它的支出相等，不亏不盈。如果是负数就是亏了，正数就是赚了，正数越大，赚得越多。

净现值法的优点是：考虑了资金的时间价值，能够反映各种投资方案的净收益，因而是一种较好的方法。其缺点是不能揭示各个投资方案本身

可能达到的实际投资报酬率是多少。另外，如果各个投资方案的投资额不相同，单纯看净现值的绝对值也不能做出正确的评价。因此，遇到这些情况时，还应根据具体情况采用其他方法进行评价。

以上两种举例下决策方法比较见下表

评价方法	方案甲	方案乙	选择决定
投资回收期法	4.65 年	4.82 年	甲方案回收快
净现值法	918 元	860 元	甲方案净现值高

从以上计算中可以看出，如果需要在甲和乙之间选择，甲应该是被首选的项目。以上介绍的投资决策分析方法，在计算上可能麻烦一点，但是，磨刀不误砍柴工，由于项目投资需要花费的资金数额较大，所以花费一些精力，经过多方面的分析论证也是应该和值得的。

为了支持农民的生产积极性，国家和各级财政还对农民购买农业机械、购买养殖和种植名优特种畜和种树给予直接的财政补贴；对修建水土改造和土地治理等工程也给予相应的专项补贴。这些补贴，各级财政有具体的补贴对象和标准，农户在投资中如有符合补贴的项目，可以直接申请取得，在项目投资的预测和决策中，可以格外考虑，并附加进去。

4 如何节省项目投资

对多数农村家庭来说，经济条件都是有限的，但是需要用钱的地方却很多，需要干的事情也很多。有很多时候，农户发现了投资的新项目，但是就是因为没有设备，生产不了。如果要买设备，手里又缺少资金；或者发现一种好的品种，如果马上抢种上，等到收获时定会卖个好价钱，但是，农户本人没有富余土地，眼睁睁看着一些好的投资项目，就卡在资金和资源上，无法生产，或者半途夭折了，失去了赚大钱的投资机会，如果真是这样，也是一件令人扼腕长叹的憾事。事实上，在农户缺乏资金的情况下也存在不用直接进行项目投资，就能使用上设备和设施，开始进行看好的项目。

4.1 从外部租赁固定资产

假如农户在扩大生产时需要一台烘干设备，以加工农产品。如果新购一台，至少要花费10万余元。即使在二手市场上买一台旧设备，也得7万余元，而农户手里缺少这笔资金。为了解决这个难题，就可以走从外部租赁这条路，通过外部租赁，就可以省下设备购置费用，只花费较少的租赁费用就可以使用上烘干设备。从外部租赁固定资产是指农户从外单位、固定资产租赁市场或个人租赁固定资产，用于生产经营，以解决所急需的固定资产的困难。目前，针对农村的资产租赁市场日渐扩大，各种形式的租赁业务也越来越多，有土地租赁、山林租赁、汽车和拖拉机等运输工具租赁、房屋和场地租赁、生产工具租赁、防疫灭虫器具租赁、婚丧嫁娶用的场地租赁、挖掘设备租赁，等等，租赁业务的活跃是社会专业化分工向市场化发展的标志，对农户来说，也是一件花点小钱却省下大钱，又能办成大事的经济活动。

固定资产租赁分经营性租赁和融资性租赁两种情况，其管理上也有不同的要求。

4.1.1 经营性租入固定资产

经营性租赁又称为运营租赁，也可以称为短期租赁，是比较常见的租赁形式。这种租赁形式下，农户（承租方）为了解决设备的临时需要而向出租方租入设备、场地和器具等。经营性租赁通常是短期性质的租赁，一般是按照日期或生产经营一个周期（如按照运输里程和运量租赁运输设备，按照土石方量租赁挖掘设备等）来确定租赁日期。对租入的固定资产，农户不拥有该项固定资产的财产所有权，只拥有在租赁期间的财产使用权。对租赁设备的维修、保养、保险、折旧等费用支出，一般由出租方负责。实际上，经营性租赁只是固定资产使用权的转让。租赁期满，租入方要把固定资产完好无损地归还给对方。

对经营性租入的固定资产，对租入方农户来说，应该执行租赁合同约定的条款，按期支付租金。如果合同另有约定的，还要负责固定资产的维护和保养。

4.1.2 融资性租赁固定资产

还有一种租赁叫融资性租赁，也叫长期租赁，或叫财务租赁，是以分期或者延期付款方式买入该项固定资产的一种租赁形式，是变相购买固定资产的形式。这种租赁是为了解决农户（租入方）资金不足的矛盾，由出租人购置设备，并转租给承租人，并收取租金的长期性融资方式。如果形象化比喻，融资租赁也就是“借鸡下蛋，以蛋还债”。

这种租赁交易活动由出租人、承租人和供货商三方组成。在这里，出

租人是机器设备的所有者，承租人是农户，供货商则是机器设备的制造厂商。三方要签署租赁合同和购买合同。在这种租赁下，对承租人来说，通过出租人出资购买租赁物，自己承租使用，可以不用事先拿出大笔的钱购买设备，但是可以先使用上设备，以后再分期还钱，是一种以物为载体的融资行为；对出租人（设备的所有者）来说，等于把设备先借给农户使用，通过分期取得租金收回投资，最后收回的资金总额要大于设备购置时的资金支出，获得货币的增值；对供应商（设备出卖人，也就是设备的制造厂商）来说，通过出租人把设备租赁出去，也就等于把生产的产品卖出去，是一种营销方式，扩大了产品销售渠道，加强了产品的流通和货币的回笼，比自己开展分期付款要有利得多。所以，融资租赁是“一石三鸟”，对三方都有利的经济行为。

同经营性租赁相比，融资租赁的特点是：

（1）租赁时间的长期性。融资租赁的时间较长，一般来说，租赁的时间包括了设备使用年限的绝大部分时间，相当于租赁资产寿命周期的75%以上。如果设备能使用10年，融资租赁的时间一般要大于8年以上。

（2）租赁合同稳定。由于融资租赁实质是承租人（农户）向出租人融通资金的行为，所以在租赁时，承租方应该向出租方提出申请，出租方要取得该项资产并租予承租方，双方要签订有法律效力的合同。租赁合同一旦生效，双方必须严格遵守。中途承租人不得退租，也不允许更改租约内容。

（3）投资性。当融资租赁合约生效后，融资租赁资产的所有权在名义上仍归出租方所有，但是，这仅仅是名义上的所有权，其设备在长时间里使用权完全归承租方（农户）。所以多数情况下，设备的维修、保养由承租方负责。承租方也要把设备视同自有资产进行管理，包括购买保险等。对出租方来说，融资租赁相当于长期投资方式，并能按期收回投资和取得适当的投资效益。

（4）租赁期满后，设备的处理方式多样。融资租赁期结束后，其租赁设备一般有三种处理方式：一是出租人将设备作价转让卖给承租人。二是出租人收回设备，以备继续向其他人租赁。三是双方续约，继续延期租赁这项业务。

农户在以融资性形式租入固定资产时，对这项设备折旧的计提，要根据合同约定，可以由出租人计提也可以由承租人计提。如果由承租人计提折旧，可以减少一定的税收支出，因为融资租赁的固定资产可以计提折旧，计提的折旧可以在税前扣除，就意味着减少一部分税收的支出。

融资性租赁固定资产的租赁费内容，一般包括：设备的价款、运杂费、安装调试费、技术指导费、租赁手续费、垫付资金的利息。总的租赁费用计算后，再按照合同支付每期的费用。为保持租赁双方的各自利益，任何一方一般不能提前解除租赁合同，承租人更不能退租。

租赁期满后，承租方如果作价留下设备，待最后一期的分期租赁费用支付完毕后，在财务和会计管理上就要将该项固定资产由“融资租赁固定资产”转入“生产经营固定资产”中，作为自有的固定资产管理范围。

融资租赁租金的计算主要是平均分摊法。平均分摊法。是以协商的利率和租赁手续费计算出租赁期内的利息和手续费总额，加上租赁资产的购置成本，按照租金支付次数平均分摊，求出每一次应付租金的方法。

计算公式：

$$\text{平均每次支付的租金}=\frac{(\text{租赁物购置成本}+\text{利息总额}+\text{手续费总额})}{\text{租金支付次数}}$$

4.2 委托加工

如果农户发现有一笔农产品加工的买卖，有可观的市场销售利润前景，但眼下自己家并没有加工条件，如果马上置办这些条件又需要不少的钱，而且对方要货很急，时间不允许。在这种情况下，农户可以采用委托加工的形式委托外单位进行加工，把这桩买卖做下来。在委托加工业务下，由委托方（农户）提供原料和技术要求，受托方（生产加工方）按照技术要求加工生产。当产品由受托方加工完成后，再将产品交回委托方（农户），由农户负责产品的保管和销售，并由农户向加工方支付委托加工费用。受托加工方不负责产品销售，也不承担该种产品的销售风险。

委托加工按照加工的完工程度有产成品加工或半成品加工，也有只是一道工序的加工。还有带料加工（对方叫来料加工）和全部委托加工等形式。带料加工是指由委托方提供原料的加工业务；全部委托，是原料全部由生产加工方按照技术要求自行准备，到时委托方回收产成品即可。

对农户来说，委托加工的好处是可以节省固定资产购置资金，在自己没有厂房和设备的情况下，依靠别人的工厂、技术和设备生产出自己需要的产品，既能缓解农户资金短缺的压力，又能解决临时发现的市场需求。

在委托加工方式下，确定委托加工的加工费时，主要考虑以下因素：

工时费、设备折旧费、管理费、保险费、运输费、包装费等项目，可以参照当地的标准，经过双方平等协商确定。

4.3 委托生产

当农户发现市场上某种种植或养殖的品种紧俏时，应该及时抓住机遇予以投资。但是如果自己没有场地和资源时，就可以考虑委托别人进行生产，这就是委托生产。这里委托生产是指农户委托外单位种植或养殖农副产品的生产经营行为。在性质上，委托生产同委托加工是一样的。只不过，委托加工往往是偏重工业品加工，委托生产偏重于种植和养殖，主要生产农副产品，生产周期相对委托加工会长一些。在委托生产情况下，受托方按照委托方（农户）的要求种植或者养殖产品，当产品成熟后，由委托方农户组织销售并支付委托生产费用。通过委托生产，可以扩大生产规模，进而也扩大了农产品的市场销售量，在占领市场上，多一份份额，可以争取到更好的销售价格，同时又解决了自然和人力资源不足的困难。

第三节　借贷管理

农村经济活动有一定的特点：一是季节性强，农业的生产要随着季节来运转，在生产经营上，春秋季的资金需要量就大一些，其他时间就相对平稳一些。二是由于一家一户为生产经营单位的关系，单位资金用量相比工业经济要小，有的经济活动可能就需要几百元，也可能就需要几天。三是农村经济利润低，农村贷款的风险却较大。由于这些特点，正规银行机构（可以称它们为正规的金融机构）往往只做资金用量较大的贷款业务，不愿意做这种数量小，盈利又无把握的小额贷款业务。这样农村就形成这样的信贷格局：借款额较大的贷款业务，由正规的金融机构提供服务，像农村和城市信用社、农业银行和村镇银行等；对小额的信贷业务，则是由非正式的金融机构提供贷款服务。非正式金融机构借款主要是指：亲友之间的借贷行为；农村个人放贷行为；从企业和社会团体直接借款行为；从私人钱庄借款等。

从这些情况可以看出，农村经济虽然是自给自足的经济，但仍然少不了借贷活动。而且，农村经济的特点又决定了借贷活动非常普遍，借贷业务频率也比较高，每个农户可能既是借款人，有时又是放贷人，要扮演两种角色。在扮演这些角色的过程中，农户必须妥善处理好各种矛盾，不至于因为在催收贷款或者归还欠款中伤和气，使之能生活在平和的气氛中。特别是面对本乡本土的老亲古邻,因为债权债务事宜处理不当而种下不和之根，甚至结下怨恨，这对农户来说是得不偿失的。在目前的农村纠纷和社会治安案件中，已经有很大比重是由于私人之间借贷而引发的。所以，农户应该重视这个问题，在农村借贷经济活动中，不但做一个好的债权人，更要做一个好的债务人。

1 债主的类型

第一，冷峻型。由于是债务的主人，在催收债务的过程中很容易演变成债务人的主人。在债务人面前高高在上，颐指气使，屹然以欠款人的救世主身份出现。这是多数债权人容易沾染的习气。

第二，谦恭型。这种类型是采取同冷峻相反的思路。为了能及早要回欠款，给予欠款人一定的礼让，让对方不好意思拖欠，用软办法要回欠款。

第三，辅佐型。这种类型的债主，是从另外角度来处理这个关系，他把欠债的行为人性化，把借款行为看成是欠债人对事业充满希望的表现。同时，把借款人看成是自己的客户，也是给债权人创造受益的对象。到期时借款还不上时，站在辅佐的角度进一步帮助欠债人化解困难。

以上的三种类型，比较理想的是第二种和第三种。一是不会由此结怨。二是能最大限度收回欠款，经济上不损失，人情上也不损失。三是培植下了财源，为以后的扩大经营规模，增加收益，打下一个好人缘的基础。

2 收账技巧

从性质上说，收账是把别人占用自己的钱要回来。收账是一项费时、费力、费感情的事，要讲究一定的方法。

2.1 确定合理的收账程序

所谓收账程序就是回收欠款的步骤。一般来说，催收账款的程序是：电话催收—上门索要—法律行动。在具体执行时要根据欠款人情况作具体的处理。对于信誉较好的且过期时间较短的欠款人，应该婉转提示，不要用激烈言辞催收，以免引起对方反感，将来失去这一市场。对于信誉不太

可靠，且过期时间稍长的欠款人，可以频繁地用信件或电话催收。对于过期时间很长且信誉度不高的欠款人，可以在催款时措辞严厉一些，必要时提请工商和劳动等部门仲裁，或者花钱委托律师催收，如果再不行，也可用提起诉讼等方式强制催收。

2.2 确定合理的讨债方法

欠债人拖欠的原因可能比较多，但可以概括为两类：无力偿付和故意拖欠。对这两种情况应采取不同的办法催收。

（1）无力偿付

是指欠款人因经营不善，财务出现困难，没有资金及时偿付到期的债务。对这种情况还要进行具体分析，如果顾客确实是暂时遇到困难，经过努力还能够东山再起，这种情况下债主应该再缓一步，适当延长还款期限，以帮助欠款人渡过难关。这样做虽然会晚一些时间收回欠款，但是会结下友情，给以后双方的交往带来好处。这个好处，有可能会远远大于因晚收回欠款而造成的损失。如果欠款人遇到严重的经济困难，已达到破产界限，无法恢复活力时则债权人应及时地向法院起诉，以期望在对方的破产清算时得到债权的部分清偿。

（2）故意拖欠

俗称为“老赖”，是指欠款人虽有能力付款，但就是不付款，并采取种种花招拖延。这些人一般常用的花招主要有：

一、装聋作哑式。本来有钱，可以偿还，但总是以“最近太忙了，又忘了”“过两天准还”等言辞拖延还款，如此反复，以达到继续拖欠的目的。

二、东躲西藏式。这种方式下，欠款人手机关机，座机不接，费力找到家却看不到人，到处藏匿，达到继续拖欠的目的。

三、以死要挟式。也称为“耍赖”式。当被债主找到时，先哭穷贼冤，呼天喊地，进而发展到以死相要挟，以达到赖账目的。

四、“牙膏”式。这种欠款人，本来有一定还清债务的能力，但却像牙膏一样，挤一点，出一点，劲大点就多出点，不挤不出。

面对这些花招，债务人也要有相应的措施，采用不同的办法把欠款要回来：

第一，要有当“孙子”的思想准备。

第二，要有一套对付赖账的办法，以下的办法可以参考：

一磨。只要不还钱，天天来要账，并多说好话，讲困难，不发火；

二缠。采取跟随战术，赖账人走到哪，就跟到哪，紧紧缠住，一直缠到把钱还上为止；

三扰。利用一些手段，在法律允许的框架内，把要账工作适当造成声势，在赖账人的工作地点和生活区域展开，给欠款人造成一定思想压力，促使对方把钱还上；

四诉。诉就是诉讼，不仅向法律诉状，还要查清对方实力，掌握对方资产，采取好保全等措施；

五转。将无力或难以回收的债权有偿、依法转让他人，然后通知债务人便可，无须征得其同意。

3 做一个守信的债务人

如果从经济度来看，债务是债权人的资产被债务人拿来使用的行为，是债务人在占用债权人的资产。所以，按照约定，应该到期及时支付足额的偿还，这是债务人的分内之事。但是，在日常的生活中，受欠债人的主观认识和客观条件限制，有的时候欠款人做得并不到位，有的还由此丧失了感情，影响了债务人在村里的形象，甚至有的还同债权人对簿公堂，彻底撕破了脸，断绝了来往。所以，做一个好的债权人难，做一个好的债务人，也不容易。要做一名好的债务人应该考虑以下方面的办法：

（1）“换位思考”，替债权人着想。在债务问题上，债务人同债权人永远是两个心眼，债务人总是希望欠款能晚一些时候还最好，别人的东西多占用一些时间，为我所用不是一件坏事。而债权人则相反，总是希望欠款人能早一些时候还钱，自己的东西被别人使用，为别人创造财富，心里的感觉一定不好。如果双方都能为对方着想，矛盾就会减少许多。特别是欠款人，更应该多从债权人的角度思考，在可能的情况下，一定信守约定，及时还款，决不能有其他的非分之想。

（2）“以丰补歉”，做好平时的还款储备。在农村的债务中，除了少部分是解决消费生活的急需之外，大部分是用于生产经营的临时需要，是生产目的。为了能够减少农户集中还款时的资金压力，在平时就应该作适当的还款资金储备。主要做法是，在平时取得的每一笔收入中，提出一部分作“欠款准备金”存入银行，待到借款到期时，取出一次还清。

（3）注重借款使用效果，增强经济实力。对借入的款项，农户应该把握的是：一要借款用途正当。是为家庭生产经营所用，而不是把借款用来

非正常使用。所谓非正常使用是指用于购买股票、彩票等风险较高的投机行为，这些投资行为，风险极大，一旦掌握不好，血本无归，这种投机行为，是农户理财的大忌。更不能用来赌博或参加以参赌而成立的民间标会等组织。二要在借款使用中注重借款使用效益，使借款真正用到“刀刃”上，解决生产和经营中的关键问题上。

第四节　理财风险管理

所谓风险就是指在经济上的不确定性，同样一个风险，它有两方面作用，一方面会给农户带来损失；另一方面又可能会给农户带来收益。就像农户养猪，遇上了疫情就造成了损失；如果没有疫情，农户就有可能创造可观的收益，这就是风险的不确定性。两者的关系往往是：一项经济活动，风险越大，不确定性越大，可能带来的损失也就越大，但是可能带来的收益也就越大；反过来，这项经济活动越稳当，风险就越小，可能带来的损失也就越小；同样，可能带来的收益也小。

根据风险的这种两面性，风险又被称为“双刃剑”。对多数农户来说，虽然是小规模生产，小本经营，但是，农业是需要靠天吃饭的弱质产业，国际国内政治经济形势的变化，国际国内突发事件的发生，不论是自然的、社会的，只要这些情况发生，都会多多少少波及农户，影响农民的生产和经营活动。所以，不论规模多小，农业风险都会存在。农户如果没有防范的心理准备和必要的防范措施，风险会随时光临，损失也会随时发生。

1　风险类型

农户在理财活动中，要购买农资材料，要雇佣劳动力，要售卖商品等，农户理财的风险就贯穿在这些活动之中。具体地说，农户所面临的风险主要有以下几种：

1.1 商品价格变动风险

在农户从事农业生产和生活活动中，要同市场打交道，需要购买商品，还需要销售商品，那么在市场价格发生变化时，商品价格风险就出现了。

当购买商品的价格上涨，销售的产品价格下降时，农户就要发生经济损失。如果反过来变化，农户就会得到收益。特别是农产品，同国际国内经济和政治环境变化关系密切，当国际国内的政治、经济形势发生变化时，必然要影响本地市场，与农业有关的农产品销售和农资物资采购的商品价格就要发生变化，有些变化还来得突然，让人摸不着头脑，抓不住规律。2008年8月，远隔重洋的美国发生了金融危机，不到两个月，就影响到我们国家的农副产品销售，农产品价格随着工业原料价格的下跌也跟着一路下跌。究其原因，可以看到，美国的金融危机，导致了我国周边国家也相继发生金融危机，由金融危机影响到经济危机，由经济危机造成进口农产品数量下降，所以导致我国的农产品出口减少，出口数量减少，就造成价格下跌。这就是被波及的风险。这些风险往往还同时影响农产品生产者和消费者。

除了这些外界引起的风险之外，农民自己的生产活动，也处处存在价格上的风险。比如，今年根据上年的市场情况，预测到某种农产品需求增加，价格也会上升，所以春天安排了种植。当种子下地后，风险也就产生了，这个风险就是未来该种产品市场需求和销售价格降低的风险。价格的风险也就是农户的财务风险。除了农产品销售价格的风险外，农户采购农业生产资料的价格，也是处在经常变化之中，农业的化肥、塑料薄膜、柴油等价格始终在变化，这也是农户的理财风险。

1.2 外汇风险

如果农户有农产品出口业务或加工原料需要进口原料时，外汇汇率的变化就带来了外汇风险。外汇汇率是用一个国家的货币折算成另一个国家货币的比率、比价或价格；也可以说，是以本国货币表示的外国货币的“价格”。如果某种外币的汇率升值时，在用这种外币结算时，有利于出口，当贬值时则有利于进口。

1.3 股票价格风险

有的农户也参与了股票市场的竞争。当农户拥有上市公司的股票时，资本市场上股票价格的波动就带来了股票价格风险，直接影响持有股票的价值变化，或增加或减少。

1.4 信用风险

当农户存在应收账款时，其信用风险也随之产生。因为应收款在资金没有收回前，都有可能出现不确定因素，特别是如果有到期没有收回来的资金，则风险就更大。这里主要包含了两种风险，一是结算时的违约风险，即对

方一旦违约造成了货款无法收回。二是如果发现签订的合同有漏洞，或对方无权交易等情况时，就产生了法律风险。所谓无权交易是指购买者同你签订了购货合同，农户也按照合约执行了，产品也生产出来，或者已经发送出去了，这时，发现对方是非法人单位，或者对方无权采购，以前签订的是无效合同，这些就属于信用风险。

1.5 财务操作风险

财务操作风险是指农户在现金支付或转账时，发生错误付款，特别是多付款，这些情况都存在风险。

1.6 投资风险

农户的投资在没有收回全部投资前，都有可能出现意外，应该视为存在风险。

2 财务风险的防范

2.1 商品价格风险的防范

对生产经营者来说，要尽量免受或减少农产品价格下跌造成的损失。目前，国家对主要的农产品实行了价格保护政策，对农民来说，要注意国家农业政策的走向，力争享受政策保护。除此之外，还要考虑以下的方法：

一、参加农业保险。目前，针对农业方面的保险种类越来越多，包括种植、养殖和大田作物都有各类保险，农民应该积极参加。农业保险的保费支出，一般会享受到当地财政补贴，并且保费较低，农户通过保险可以化解一定程度的价格和自然灾害等风险。

二、签订农产品远期销售合约。主要同农产品购销商或农产品期货市场的交易商约定，在某个特定日期以某种价格交易农产品的协议。通过签订远期的农产品销售合同，可以使农户对价格和未来的收益能“早知道”，可以提早按照订单安排生产，通过合同形式将现代农业中的市场风险和政策风险转嫁出去，从而达到规避价格风险的目的。

2.2 财务操作风险的防范

在农户用现金和通过银行转账付款时，一定要将对方的姓名、单位、事由等相关项目填制准确，确保销货人准确收到款项，避免出现名头错误，一旦发生错误，有时很难追回，即使能够追回，也要付出一定代价；同时，要准确付款，避免多付，如把 10000 元，误写成 100000 元。

2.3 对信用风险的防范

一是农户在签订合同前，应该对购买方的身份、信誉、经济状况详细了解，避免签署无效合同，对金额比较大或者比较重要的合同，也可以实行合同公证，以增强合同的信用程度。二是按照规范签订合同。

2.4 加强信息收集，注意了解国际和国内政治和经济动向

农户在理财中发生的风险有些是对外界情况不了解，缺乏预见性，信息闭塞造成的。如果平时注意收集和分析外界信息，提早预测，提早计划，就会减少甚至避免风险发生。

2.5 预防年老时经济风险

年老是每个人必经的历程，在这个年龄段上，从事体力劳动的人们随着劳动能力的逐步丧失，已无法通过体力劳动再创造财富。但是，人在老年时，却是各种花费相对较多的年龄段。在日常生活上，需要更柔软、营养更丰富的饮食，在衣着和起居上，也需要更舒适的环境，同时还要注意保暖防寒。所以这个年龄段上的人虽然不能创造财富，但是却要更多地消耗财富。为了保证晚年的生活消费，人就要在年富力强的时候为年老时的需求做好资金和物资上的准备。这也是农户理财的一个重要环节。在防老点上，农户可以选择的办法主要有以下几种：

一、依靠子女养老。养儿防老是我国的传统。但是在实际生活中却有许多的不确定情况存在。当儿女的生活地点远离父母或者经济条件不具备扶养老人的情况下，靠子女养老就往往会遇到困难或者愿望落空。农村有句俗话：“指儿不养老，指地不打粮”，这句话就是告诫人们对某些事情不要期望过高，期望过高往往失落也最大。在目前的农村民事纠纷的实例中，因为赡养父母问题所出现的纠纷经常见诸媒体，已经成为农村家庭矛盾最集中的问题。特别是在中国农村已经步入老龄化的今天，靠子女养老的做法，更应该仔细斟酌。所以，实际生活中，在依靠养儿防老的情况下，农户还要有其他的准备才行，以预防不确定情况的出现。

二、参加新型农村社会养老保险或自买保险。目前，国家为了保护农民利益，从 2009 年开始，建立“新型农村社会养老保险制度”。新型农村社会保险的标准基本上同城镇基本养老保险一样，是由个人缴纳和集体补贴两部分组成。为了进一步照顾农民，在保险费用的缴纳形式上也采取灵活的办法，一般有定期缴纳、不定期缴纳和一次性缴纳三种，充分考虑不同地区农民的困难。对实行新型农村社会保险的农户，应该积极参加，凡

是参加保险的除了自己支付一部分保险费用之外，还可以同时享受到集体补助部分，实际是集体和个人共同出资给个人上的保险。

除了积极参加新型农村社会养老保险外，如果有经济条件的农户，也可以购买其他形式的养老性质的保险。目前，为了扩大自身的经营规模，力争赚取更多的保费，各个保险公司都相继推出五花八门的保险品种，农民可以根据自己的条件进行选择。参加了保险，就意味着到年老时每个月就会有固定的保险费收入。

三、自我储蓄，到年老时进养老院。这种办法是在平时自己设立养老储蓄基金，到年老时，用这些储蓄在养老院享受晚年生活。近几年，为了解决老龄化后的老年人生活，各地政府、社会团体或者个人积极兴办老年人服务产业，敬老院、老年休闲馆等是主要的形式。农民可以根据自己的经济实力，选择相适应的服务机构，在这些机构中享受晚年。

四、对家庭房产“反按揭”。按揭是从香港地区引入的俗称，意思是用银行贷款购置了房地产，然后将该项地产抵押到贷款银行的做法。“反按揭”则正相反，是提前将自己所有的房产卖给银行，经过评估后，银行根据该项房产的价值，采用分期付款的形式定期（或一个月或半年，也可以一年）向原房主支付房屋价款，等到原房屋主人去世后，银行再将该房产收归银行的做法。这种情况下，房产主人可以在晚年有固定的收入。

农户如果在平时注意了以上的问题，就能在养老问题上防范风险，这实际上也是在一定程度上化解农户的理财风险，以使农户在生产经营活动中无后顾之忧。

图书在版编目（C I P）数据

农村金融服务指南 / 黄尧主编. -- 长沙 : 湖南科学技术出版社, 2018.1
ISBN 978-7-5357-9593-9

Ⅰ. ①农… Ⅱ. ①黄… Ⅲ. ①农村金融－商业服务－中国－指南
Ⅳ. ①F832.35-62

中国版本图书馆 CIP 数据核字(2017)第 247711 号

农村金融服务指南

组　　编：湖南省农业广播电视学校
主　　编：黄　尧
责任编辑：李　丹　欧阳建文
出版发行：湖南科学技术出版社
社　　址：长沙市湘雅路 276 号
　　　　　http://www.hnstp.com
印　　刷：湖南省汇昌印务有限公司
　　　　　（印装质量问题请直接与本厂联系）
厂　　址：长沙市开福区东风路福乐巷 45 号
邮　　编：410003
版　　次：2018 年 1 月第 1 版
印　　次：2018 年 1 月第 1 次印刷
开　　本：710mm×1000mm　1/16
印　　张：12.25
字　　数：200000
书　　号：ISBN 978-7-5357-9593-9
定　　价：30.00 元